# CONTENTS

**目录**

第 1 章　为什么要开展国际技术贸易　　　　1

1. 技术与贸易是如何相互影响的　　　1

2. 国际技术贸易的作用是什么　　　1

3. 国际技术贸易是如何产生与发展的　　　2

4. 国际技术贸易对经济增长有哪些促进
作用　　　3

5. 国际技术贸易对国家科技创新能力有哪
些影响　　　3

6. 国际技术贸易存在哪些壁垒和限制政策　　　4

7. 当前应重点关注与开展合作的技术领域
有哪些　　　4

第 2 章　与国际技术贸易相关的基础概念　　　7

2.1　技术的概念　　　7

1. 什么是技术　　　7

2. 什么是技术的价格　　　8

3. 什么是技术转移服务　　　8

4. 什么是技术咨询　　　10

5. 什么是技术转移　　　12

6. 什么是技术转让      12

7. 什么是研发外包      13

8. 什么是联合研发      13

2.2 技术贸易的概念      13

1. 什么是技术贸易      13

2. 技术贸易的标的是什么      14

3. 技术贸易与一般贸易的差别是什么      14

第3章   国际技术贸易的定义      16

1. 什么是国际技术贸易      16

2. 国际技术贸易的主要特点是什么      17

3. 国际技术贸易与国际商品贸易的区别
和联系是什么      18

4. 国际技术贸易与国际投资的关系是
什么      18

5. 国际技术贸易与知识产权的关系是
什么      19

第4章   国际技术贸易的方式      20

4.1 直接贸易      20

1. 什么是许可交易      20

2. 什么是独占许可      22

3. 什么是排他许可      22

4. 什么是普通许可      23

5. 什么是可转让许可      23

6. 什么是交叉许可      23

7. 什么是强制许可      23

8. 什么是工业产权和非工业产权的转让      23

9. 什么是专利权的转让      24

10. 什么是专利申请权的转让      25

11. 什么是专有技术转让      25

# 国际技术贸易促进工作
# 应知应会

罗晖 鲁萍丽 编著

清华大学出版社

北京

## 内 容 简 介

国际技术贸易是全球化的重要标志。第二次世界大战以来,在科技全球化和开放科学兴起的背景下,机构间的科研人员流动和合作日益加强,知识产权支付、高技术出口在对外贸易中占有更加重要的地位。当前,尽管霸权主义、单边主义和逆全球化的势力在干扰正常的国际技术贸易,但是世界范围内更广泛的共识是必须共同构建更好、更稳定、更具持续性的国际技术性贸易体系和国际贸易环境,以促进全球可持续发展和共同繁荣进步。

本书内容涵盖了与国际技术贸易相关的术语、定义、实操技能、国内外行业现状与政策法规等,是对现行国际技术贸易、技术转移、技术交易等相关重点知识的高度浓缩。

本书适合对国际技术贸易感兴趣的相关技术人员及领导干部阅读参考。

**图书在版编目(CIP)数据**

国际技术贸易促进工作应知应会/罗晖,鲁萍丽编著.—北京:清华大学出版社,2023.4

ISBN 978-7-302-63006-7

Ⅰ.①国… Ⅱ.①罗… ②鲁… Ⅲ.①国际贸易－技术贸易 Ⅳ.①F746.17

中国国家版本馆 CIP 数据核字(2023)第 040069 号

责任编辑:曾 珊 李 晔
封面设计:李召霞
责任校对:申晓焕
责任印制:朱雨萌

出版发行:清华大学出版社
    网   址:http://www.tup.com.cn,http://www.wqbook.com
    地   址:北京清华大学学研大厦 A 座  邮  编:100084
    社 总 机:010-83470000       邮  购:010-62786544
    投稿与读者服务:010-62776969,c-service@tup.tsinghua.edu.cn
    质量反馈:010-62772015,zhiliang@tup.tsinghua.edu.cn
    课件下载:http://www.tup.com.cn,010-83470236
印 装 者:三河市人民印务有限公司
经  销:全国新华书店
开  本:170mm×230mm  印 张:13  字  数:229 千字
版  次:2023 年 5 月第 1 版    印  次:2023 年 5 月第 1 次印刷
印  数:1～1000
定  价:89.00 元

产品编号:093236-01

# PREFACE
## 前言

　　随着全球经济与科技融合的趋势进一步强化,科技对于世界经济发展的支撑引领作用日益明显,国际技术贸易已成为全球贸易增长的主要驱动力。近年来,中国对国际技术贸易的参与,不仅有效地满足了国内增长迅猛的技术需求,而且对全球贸易体系发展产生了巨大的促进作用。

　　当今世界正面临"百年未有之大变局",新冠肺炎疫情全球大流行使这个大变局加速演进,大国战略博弈加剧,全球治理体系、国际秩序、经济贸易形势复杂多变。外部环境的压力及内部疫情的持续威胁,迫切需要我国加快发展国际技术贸易,通过打造技术贸易与创新合作国际平台,拓宽国际科技合作朋友圈,充分展示中国遵守国际准则和公约的姿态和努力,促进国际技术贸易发展,让技术贸易体系更加高效、更多以服务为基础且更具包容性,实现国内国际双循环,互促共进,共同努力减缓当前世界经济下行压力。

　　习近平总书记在两院院士大会、中国科学技术协会第十次全国代表大会发表的重要讲话中指出"要构建开放创新生态,参与全球科技治理。科学技术具有世界性、时代性,是人类共同的财富。要统筹发展和安全,以全球视野谋划和推动创新,积极融入全球创新网络"。中国科学技术协会(简称"中国科协")作为推动中国科技事业创新发展的重要力量,倡导支撑高质量发展的科技创新,坚守真正以人为本的科技创新,期待全球携手共赢的科技创新。2020年,中国科协因时因势因能打造的"科创中国"平台,通过打通堵点、连接断点,引导技术、人才、数据等创新要素流向企业、地方和生产一线,加快促进科技向现实生产力转化,推动技术交易规范化、市场化、国际化。

在拓展国际科技合作、促进国际技术贸易、开展国际技术服务等方面释放潜能，积极应对中美贸易摩擦的形势，发挥中国科协在民间科技交流主渠道增信释疑、缓冲压力、对冲风险、激浊扬清的独特作用。

国际技术贸易具有较强的综合性，涉及相关国际法律法规、知识产权保护、技术风险、技术使用费用，贸易双方的责任、权利和义务，以及贸易的限制等特殊而复杂的问题，因此对国际技术贸易从业人员及广大参与者的专业技能与综合素养提出了更高的要求：不仅要具有过硬的基本理论知识，具备一定的国际技术贸易实践经验，还应掌握国际技术贸易规则，了解国际技术贸易的法律法规，熟知国内主要国际技术贸易服务内容及特点，具有独立思考与分析国际技术贸易难点重点的能力。本书从开展国际技术贸易的重要性和必要性切入，通过对国际技术交易促进基本理论及国内外相关工作进展情况进行充分的研究与梳理，详细系统地收录国际技术贸易相关基础概念、国际技术贸易定义、国际技术贸易方式、国际技术贸易标的、国际技术贸易主体、国际技术贸易中的定价和交易、国际技术贸易遵循的国际规则、主要国家的国际技术贸易政策、中国的国际技术贸易法律法规和政策、中国科协的国际技术贸易服务工作。全书共 11 章，内容涵盖与国际技术贸易相关的术语、定义、实操技能、国内外行业现状与政策法规等，是对现行国际技术贸易、技术转移、技术交易等涉及重点知识的高度浓缩，对学习、实践国际技术贸易具有较高的参考价值和指导意义。

本书在编写过程中力求少出或不出现错误，以利于推广，但由于编者水平有限，书中难免存在疏漏和错误之处，恳请专家和广大读者批评指正，以便补充完善。

本书的编写得到国际技术转移协作网络（ITTN）、上海对外经贸大学谈判学院的大力支持和帮助，相关人员以专业的视角以及丰富的实践经验，为本书的编写提供了大量素材和宝贵的建议，并且帮助审阅了书中部分章节，在此表示诚挚的谢意。另外，中国国际科技交流中心的马倩、袁菲阳、张橙等也付出了辛勤的劳动，做了大量资料和外文文献综合工作，在此一并感谢。

编　者

2022 年 9 月

12. 什么是专利联营     26

4.2 间接贸易     27

1. 什么是与直接投资组合的国际技术
交易     27

2. 什么是国际联合研发     30

3. 什么是国际委托研发     32

4. 什么是国际合作生产     33

5. 什么是国际工程承包     35

6. 什么是 BOT 合作     36

7. 什么是特许经营     37

8. 什么是补偿贸易     37

9. 什么是国际租赁     38

10. 什么是成套设备引进     38

11. 什么是高端人才引进     39

第 5 章 国际技术贸易的标的     42

1. 国际技术贸易的标的是什么     42

2. 如何理解工业产权属于国际技术贸易
的标的     42

3. 如何理解专利权属于国际技术贸易的
标的     43

4. 如何理解商标权属于国际技术贸易的
标的     43

5. 如何理解专有技术属于国际技术贸易
的标的     44

6. 如何理解计算机软件属于国际技术贸易
的标的     44

7. 如何理解工业品外观设计属于国际技术
贸易的标的     45

8. 如何理解版权属于国际技术贸易的
标的     45

9. 如何理解集成电路属于国际技术贸易
   的标的 45

10. 如何理解数据跨境流动 46

11. 如何理解标准必要专利和 FRAND
    原则 47

## 第6章 国际技术贸易的主体 49

1. 国际技术贸易中的技术供给方主要有
   哪些 49

2. 国际技术贸易中的技术需求方主要有
   哪些 50

3. 技术持有者如何通过国际技术贸易使
   自己的技术实现商业价值 50

4. 技术的复杂性对供需双方都有哪些
   约束条件 51

5. 为什么国际技术贸易中需要专业机
   构的参与 52

6. 国际技术转移中心可以分为哪些类型 52

7. 什么是国际技术转移机构和技术经
   理人 53

8. 技术经理人需要掌握哪些能力 54

## 第7章 国际技术贸易中的定价和交易 56

1. 技术价格的含义是什么 56

2. 如何理解技术价格的不确定性 56

3. 技术价格的构成有哪些 57

4. 什么是技术成熟度 57

5. 如何评价技术成熟度 58

6. 影响技术价格的因素有哪些 58

7. 技术作价的基本原则是什么 59

8. 如何确定技术的价格 60

9. 国际技术贸易中的支付方式有哪些　62

10. 国际技术贸易中的支付工具有哪些　62

11. 国际技术贸易中的支付时间如何确定　62

12. 国际技术贸易中常见的税费有哪些　63

13. 国际上通行的对技术贸易征税的做法有哪些　64

14. 什么是国际技术贸易中的双重征税　64

15. 如何避免国际技术贸易中的双重征税　65

16. 如何起草规范的国际技术贸易合同　65

17. 专利实施许可合同指什么　71

18. 专利贸易合同与专利实施许可合同的区别是什么　72

19. 专利实施许可的种类可以分为几类　72

20. 如何防范国际技术贸易中的法律风险　73

21. 出现国际技术贸易争端如何解决　74

第8章　国际技术贸易遵循的国际规则　75

1. 《与贸易有关的知识产权协议》
(Agreement on Trade-related Aspects of Intellectual Property Rights, TRIPs)有哪些主要内容　75

2. 《保护工业产权巴黎公约》(Paris Convention for the Protection of Industrial Property)有哪些主要内容　76

3. 《专利合作条约》(Patent Cooperation Treaty, PCT)有哪些主要内容　76

4. 《专利法条约》(Patent Law Treaty, PLT)有哪些主要内容　77

5. 《国际专利分类斯特拉斯堡协定》
(International Patent Classification Agreement/Strasbourg Agreement, IPCA/SA)有哪些主要内容　77

6. 《商标国际注册马德里协定》(Madrid
   Agreement Concerning the International
   Registration of Marks)有哪些主要
   内容 78

7. 《商标注册用商品与服务国际分类尼斯协
   定》(Nice Agreement Concerning the
   International Classification of Goods and
   Services for the Purpose of the
   Registration of Marks)有哪些主要内容 78

8. 《建立商标图形要素国际分类维也纳协定》
   (Vienna Agreement Establishing
   an International Classification of the
   Figurative Elements of Marks)有哪些
   主要内容 79

9. 《工业品外观设计国际保存海牙协定》
   (The Hague Agreement Concerning the
   International Deposit of Industrial
   Designs)有哪些主要内容 80

10. 《保护文学与艺术作品伯尔尼公约》
    (Berne Convention on the Protection of
    Literary and Artistic Works)有哪些主
    要内容 80

11. 《技术性贸易壁垒协议》(Agreement on
    Technical Barriers to Trade)有哪些主
    要内容 81

12. 国际知识产权保护有哪些原则 81

13. 联合国的国际技术贸易政策有哪些特点 83

14. 世界银行(World Bank)的国际技术贸易
    政策有哪些特点 83

15. 世界贸易组织（WTO）的国际技术贸易
政策有哪些特点 84

16. 世界知识产权组织（WIPO）的国际技术
贸易政策有哪些特点 85

17. 国际货币基金组织（IMF）的国际技术贸
易政策有哪些特点 86

18. 国际标准化组织的国际技术贸易政策有
哪些特点 87

19. 国际电工委员会的国际技术贸易政策有
哪些特点 87

20. 国际电信联盟的国际技术贸易政策有哪
些特点 88

第9章　主要国家的国际技术贸易政策 89

1. 如何在世界范围内选择重点国际技术
合作目标国家 89

2. 国际技术贸易政策的内涵是什么 93

3. 什么是技术出口管制 93

4. 国际贸易中技术进出口限制涉及的内
容有哪些 94

5. 技术出口管制对我国有什么影响 95

6. 发达国家与发展中国家的国际技术贸易
政策有何差异 95

7. 如何理解英美法系中的禁诉令制度 96

8. 美国的国际技术贸易政策有哪些特点 97

9. 欧盟及主要成员国的国际技术贸易政策
有哪些特点 98

10. 俄罗斯的国际技术贸易政策有哪些特点 99

11. 日本的国际技术贸易政策有哪些特点 99

12. 除主要创新国家外，还有哪些关键国家
的科技创新与技术贸易情况需要关注 101

第 10 章　中国关于国际技术贸易的法律、
法规和政策　103

1.《中华人民共和国对外贸易法》(2016 年
11 月 7 日修订)　103

2.《中华人民共和国促进科技成果转化法》
(2015 年 8 月 29 日修订)　104

3.《中华人民共和国技术进出口管理条例》
(2019 年 3 月 2 日修订)　105

4.《中华人民共和国标准化法》(2017 年 11 月
4 日修订)　106

5.《技术转移服务规范》(GB/T 34670—
2017)　106

6. 中共中央办公厅、国务院办公厅《关于强
化知识产权保护的意见》(2019 年 11 月
24 日)　107

7. 国务院《关于新形势下加快知识产权强国
建设的若干意见》(2015 年 12 月 18 日)　107

8. 国务院办公厅《知识产权对外转让有关工
作办法(试行)》(2018 年 3 月 18 日)　108

9. 财政部、海关总署、国家税务总局《关于
"十三五"期间支持科技创新进口税收
政策的通知》(2016 年 12 月 27 日)　108

10. 财政部、国家发展和改革委员会、工业和
信息化部等《关于支持科技创新进口税
收政策管理办法的通知》(2017 年 1 月
14 日)　109

11. 财政部、工业和信息化部、海关总署等《重
大技术装备进口税收政策管理办法》
(2020 年 1 月 8 日)　109

12. 财政部、商务部、国家税务总局《关于继续执行研发机构采购设备增值税政策的公告》(2019 年 11 月 11 日)　109

13. 海关总署《中华人民共和国海关审定进出口货物完税价格办法》(2014 年 2 月 1 日)　110

14. 在我国开展国际技术贸易工作还需要了解哪些政策、法规　110

第 11 章　中国科协的国际技术贸易服务工作　113

1. 中国科协对促进科技经济融合有哪些部署　113

2. "科创中国"三年行动计划(2021—2023 年)明确了哪些工作　115

参考文献　125

附录 A　重点技术领域分析　129

附录 B　世界主要创新国家科技创新发展情况　141

附录 C　部分名词中英文对照表　192

# 第1章

# 为什么要开展国际技术贸易

国际技术贸易拥有悠久的历史,第二次世界大战之后,高新技术贸易促进了国际技术贸易的迅猛发展。国际技术贸易可以促进经济增长、刺激国家科技创新能力提高,但同时也面临着技术性贸易壁垒限制。

## 1. 技术与贸易是如何相互影响的

波斯纳(M. V. Posner)在《国际贸易与技术变化》中论述技术差距论(技术差距模型、技术间隔论)时认为:技术差距是国家间开展贸易的一个重要原因,一国的技术优势使其在获得出口市场方面占有优势,当一国某种产品创新成功后,在国外掌握该项技术之前就产生了技术领先差距,因此可出口技术领先产品。但因新技术会随着专利权转让、技术合作、对外投资、国际贸易等途径流传到国外,当一国的创新技术为外国模仿时,外国即可自行生产而减少进口,创新国渐渐失去该产品的出口市场,因技术差距产生的国际贸易逐渐压缩。随着时间的推移,新技术最终将被技术模仿国掌握,使技术差距消失,贸易即持续到技术模仿国能够生产出满足其对该产品的全部需求的时候。由于技术差距产生的贸易格局是:技术创新的发达国家出口创新产品,进口传统产品;落后国家进口创新产品,出口传统产品。

## 2. 国际技术贸易的作用是什么

传播科学技术并推动了科技进步和科技发展。国际技术贸易是传播科学技术的重要方式,因而进行技术贸易能够推动科技革命,从而加快一国科学技术的发展。

国际技术贸易促进了国际经济合作并有效缩短有些国家技术现代化进程。在世界科学技术突飞猛进的今天,技术贸易已成为一国扩大对外经济合作与交流的一项重要工作,许多国家经济发展的道路充分说明,引进外国先进技术并使之本国化是提高本国生产水平、加速本国企业现代化、缩短与世界先进水平差距、发展本国经济的有效途径。

技术贸易不但丰富了国际贸易的内容和形式,也加强并扩大了国际贸易的深度和范围,使国际经济合作与交流进入更深的层次。技术贸易在国际贸易中所占比重稳步扩大,各国经济和技术的发展,相互影响和依赖的程度也进一步增强。

## 3. 国际技术贸易是如何产生与发展的

国际技术贸易早在古代就已经出现,如四大文明古国的技术发明是通过贸易的开展和人员的交往传播到其他国家的。但是由于生产力发展水平的限制,这只是简单的技术传播,基本上都是无偿的,而且传播的速度相当慢,转移的周期都较长,因此并不是真正意义上的技术转让。这期间的国际技术转移活动的主要特点是以技术发源地为中心,自然向周围逐渐扩散和传播,是"梯度式传播"。

到近代社会,随着以英国工业革命中蒸汽机为标志的一系列技术发明的产生,专利、版权的概念逐渐为人们所认识和强调,专利制度和专利法得以形成和颁布,专利买卖产生,技术有偿转让才最终出现,但主要的方式还是国内技术贸易。当世界各国基本上都实施了专利制度,形成了良好的国际环境和条件,技术发明才得以在国与国之间流通,形成了国际技术贸易。不过,直到第二次世界大战前,国际技术贸易量还不大,商业性技术转让真正形成规模并迅速扩大,成为国际贸易中重要的组成部分,则是第二次世界大战以后的事。

第二次世界大战之后,各国政府重视科学技术的研制和开发,从而掀起了新的科技革命浪潮,科技成果大量出现。信息技术、生物技术、材料技术、新能源技术、空间技术、海洋开发技术等高新技术迅猛发展。技术转让与贸易因此得到迅速发展,成为国际贸易的重要组成部分。在国际技术出口速度加快的同时,技术贸易中的高新技术贸易比例也在不断上升,可以说高新技术贸易促进了国际技术贸易的迅猛发展。

## 4. 国际技术贸易对经济增长有哪些促进作用

国际技术贸易会促进技术的进步,技术进步对于经济增长的重要作用主要体现在如下几方面。

技术进步是生产力发展的直接推动力。技术进步直接带来劳动生产率的提高,而劳动生产率的提高是生产力发展的最重要标志,因此技术进步与生产力发展之间存在着明显的正相关关系。

技术进步会引起产业结构的调整。技术进步对产业结构的影响要从生产和需求两方面来分析。从生产方面看,由于技术在不同部门的发展速度通常是不一致的,因而技术进步带给不同生产部门的发展速度通常也是有差异的,从而使得劳动生产率和利润率更高、资源利用更有效,生产力及其产出在经济中的地位得到提升。从需求方面看,技术进步会不断创造出新的生产和生活需求,从而推动能够满足这个新需求的行业的发展,使一些过时的生产和生活需求消亡,相应的行业被淘汰。技术进步会使整个经济中的产业结构发生变化。

技术进步改变经济增长模式。经济增长模式是指生产要素的分配、投入、组合的使用方式,包括外延型和内涵型两种类型。

## 5. 国际技术贸易对国家科技创新能力有哪些影响

国际技术贸易的发展是技术传播的重要途径。在竞争激烈的国际市场里,只有掌握高精尖技术,有能力自主开发技术密集型产品并提供出口的企业,才能在市场上占据优势地位。技术在这里成为企业进行市场竞争的重要手段之一,成为开拓市场的有力武器,成为决定企业成败的关键。因此,追逐更新的技术成为大企业的战略目标,无论国际贸易活动是引进新技术还是转让旧技术,都加速了科学技术突破国家界限,在世界范围内的拓展、普及和提高。进口国通过引进技术,节约了巨额的研究费用和大量的研究时间,也节约了人力资源,有利于缩短与技术强国之间的差距,加快国民经济发展。技术输出国则通过国际技术贸易弥补开发成本并取得经济利益,进一步促进了技术更新。

持续发展国际技术贸易的积极意义还体现在:促进科学技术传播,并推动科技进步和科技发展;促进国际经济合作,并有效缩短部分国家技术现代化进程;促进国际贸易的全面发展。

## 6. 国际技术贸易存在哪些壁垒和限制政策

发达国家国际技术贸易限制政策主要表现在技术输出方面,特别是对尖端技术和军事技术的输出,具体可分为发达国家对发展中国家技术贸易的限制和发达国家之间技术贸易的限制,其中前者是主要部分。

发达国家实施限制政策的一个主要原因是防止新兴工业化国家和地区在引进高技术后,成为发达国家强有力的竞争对手,从而使其丧失技术优势。发展中国家为了避免由于国际技术贸易中的劣势地位对本国造成不利影响,最大限度地发挥技术引进的积极作用,往往采取一些限制性政策,以保护本国利益。

以中国为例,根据《中华人民共和国技术进出口管理条例》规定:"有对外贸易法第十六条、第十七条规定情形之一的技术,禁止或限制出口""属于限制出口的技术,实施许可证管理;未经许可,不得出口"。而技术性壁垒已经成为中国产品出口的主要障碍。广义的技术性贸易壁垒包括技术法规、技术标准与合格评定程序,产品检疫、检验制度与措施,包装和标签规定,信息技术壁垒以及绿色壁垒5方面。中国出口产品所面临的技术贸易壁垒主要来自美国、欧盟和日本;所涉及的行业主要有农业、纺织服装业、轻工、机电、五矿化工和医疗保健业。有资料显示,中国有70%的出口企业和40%的出口产品遭遇技术性贸易壁垒的限制。

## 7. 当前应重点关注与开展合作的技术领域有哪些

从国家政策和科技层面看,作为我国全面推进实施制造强国战略第一个十年的行动纲领,《中国制造 2025》重点部署了新一代信息技术产业、高档数控机床和机器人、航空航天装备、海洋工程装备及高技术船舶、先进轨道交通装备、节能与新能源汽车、电力装备、农业装备、新材料、生物医药及高性能医疗器械 10 个关键领域,以推进智能制造为主攻方向,旨在满足经济社会发展和国防建设对重大技术装备的需求,实现制造业由大变强的历史跨越。

《中国制造 2025》技术路线图详见附录 A 表 A-1。

从产业和社会视角看,《科技日报》曾总结了 35 项我国还没有掌握核心的"卡脖子"技术,包括光刻机、芯片、操作系统、航空发动机短舱、触觉传感器、真空蒸镀机、手机射频器件、iCLIP 技术、重型燃气轮机、激光雷达、适航标准、高端电容电阻、核心工业软件、ITO 靶材、核心算法、航空钢材、铣刀、高端轴承钢、高压柱塞泵、航空设计软件、光刻胶、高压共轨系统、透射式电镜、掘进机主轴承、微球、水下连接器、燃料电池关键材料、高端焊接电源、锂电池隔膜、医学影像设备元器件、超精密抛光工艺、环氧树脂、高强度不锈钢、数据库管理系统、扫描电镜,仍需集中力量加快攻关,在核心领域实现技术突破。

《科技日报》发布的 35 项"卡脖子"技术详见附录 A 表 A-2。

在综合对近几年国家政策、产业报告、专家意见等的梳理研究后,就当前应重点关注与开展合作的技术领域形成涵盖 10 个领域、74 项关键技术的建议目录,详见附录 A 表 A-3。

此外,全球最具权威的 IT 研究与顾问咨询公司 Gartner 每年发布的《Gartner 新兴技术成熟度曲线》(Gartner Hype Cycle For Emerging Technologies)是涉及新兴技术成熟度分析和发展预期最具权威性、形象力,以及全面视野的(或唯一的)专业分析,是产业界把握新兴技术发展趋势和节奏的重要参考,以 2020 年《Gartner 新兴技术成熟度曲线》为例(见图 1-1),当中新增 AI 增强设计、编组式 AI、嵌入式 AI、构成化 AI、负责任的 AI、AI 增强开发、自监督学习等多个关键技术。

对 2018—2020 年《Gartner 新兴技术成熟度曲线》的分析整理结果详见附录 A 表 A-4。

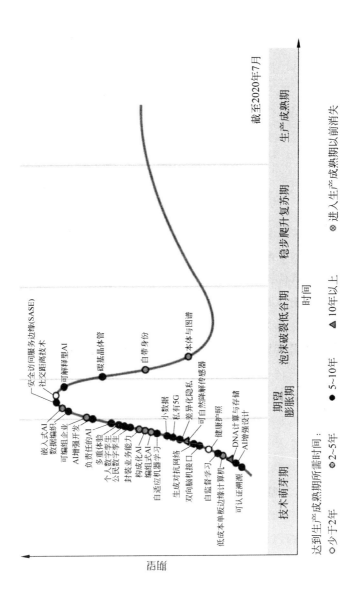

图 1-1　2020 年 Gartner 新兴技术成熟度曲线

# 第2章

# 与国际技术贸易相关的基础概念

国际技术贸易主要涉及技术和技术贸易两部分。技术相关概念包括技术定义、技术价格、技术转移服务、技术咨询、技术转移、技术转让、研发外包、联合研发；技术贸易相关概念包括技术贸易定义、技术贸易标的、与一般贸易的差别。

## 2.1 技术的概念

### 1. 什么是技术

根据世界知识产权组织(WIPO)1977年版的《供发展中国家使用的许可证贸易手册》中的定义,技术是指制造一种产品的系列知识,所采用的一种工艺,或提供一项服务,不论这种知识是否反映在一项发明、一项外形设计、一项实用新型或者一种植物的新品种,或者反映在技术情况或技能中,或者反映在专家为设计、安装、开办、维修、管理一个工商企业而提供的服务或协助等方面。

《自然辩证法》中对技术的定义包括:

(1) 技术体现了人对自然界的干预;

(2) 技术涉及物质装置;

（3）技术涉及技艺；

（4）技术涉及知识；

（5）技术涉及目的；

（6）技术是一种可操作性的体系。

根据《国际技术贸易》（第二版）（对外经济贸易大学出版社，2012年）相关内容，技术拥有如下特点：

（1）技术属于知识的范畴；

（2）技术是能应用于生产活动的系统知识；

（3）技术是一种无形资产；

（4）技术具有私有性；

（5）技术具有商品的属性；

（6）技术是一种间接的生产力；

（7）技术不等同于科学。

## 2. 什么是技术的价格

技术是一种无形资产。技术本身是无形的，但是利用技术可以创造财富。技术具有私有性，具有商品的属性，技术的复杂程度、先进程度和实效性决定了技术的价格。

## 3. 什么是技术转移服务

技术转移服务指为实现技术转移提供的各类服务，包括技术转让服务、技术许可服务、技术开发服务、技术咨询服务和技术服务，还有技术评价服务、技术投融资服务、信息网络平台服务。

依据中华人民共和国国家标准（GB/T 34670—2017）《技术转移服务规范》，技术转移服务是指对特定技术问题提供解决方案的行为。依据《中华人民共和国民法典》，技术转移服务包括技术转让、技术许可、技术开发、技术咨询、技术服务等"五技"。

**典型案例1：阿里云与亚洲航空。**

亚洲航空成立于1993年，总部位于马来西亚，是马来西亚最大的航空公司，也是全球最优质的廉价航空公司之一。运营的国内和国际航线遍及25个国家和地区，目的地超过165个。廉价、高可用性和上乘的客户服务是其突出特色。亚洲航空高度依赖其网络售票平台，包括网站和应用程序。然而，这些售票平台可能会遭受爬虫和僵尸程序的攻击，不但会影响网站和应用程序的性能，还有泄露客户数据的潜在风险。亚洲航空很难自己完成对顾客与爬虫和僵尸程序的区分，这就直接影响了航班的预订及其收益。此外，受到僵尸程序的影响，亚洲航空的网站和应用程序运行的流量非常大，这也导致需要支付额外的运营费用。

亚洲航空采用阿里云的技术支持，构建安全体系，拦截超网络攻击，从而提高运营效率。阿里云CDN网络改善了亚洲航空网站的时延和循环时间指标，还可依据用户资料实现最优化访问的流量，并借助包含广泛已知黑客及其作案模式的数据库，拦截非法通信。在阿里云的安全团队支持下，亚洲航空专门制定了规则条例，拦截高级别黑客并识别其复杂的攻击模式，并将其运用到阿里云的Web应用防火墙中。此外，双方的安全团队还联合执行了更为严格的安全检查，包括制定的验证码解决方案等。

通过执行阿里云的CDN和Web应用防火墙服务，以及与阿里云的安全专家精诚协作，亚洲航空已鉴别出其通信量中90%的僵尸程序。现在，阿里云每周都为亚洲航空提供安全报告，并定期为其进行更新。

**典型案例2：AWS与西门子。**

Amazon Web Services(AWS)是全球服务最全面、应用最广泛的云平台，其全球数据中心提供超过175项功能齐全的服务，其中包括计算、存储、数据库、分析、联网、移动产品、开发人员工具、管理工具、物联网、安全性和企业应用程序。这些服务可帮助组织快速发展、降低IT成本以及进行扩展。数百万客户(包括增长最快速的初创公司、最大型企业和主要的政府机构)都在使用AWS来降低成本、提高敏捷性并加速创新。

西门子是电气化、自动化和数字化的全球领导者，持续近175年推动跨行业创新，现在使用一系列AWS服务延续其转型传统，从将IIoT

(Industrial Internet of Things，工业物联网)引入铁路和工厂、开发建筑物和分布式能源系统的智能基础设施，到在其网络安全平台中实施 AI 等。西门子使用 AWS 的机器学习技术，每季度对员工进行一次调查，并在不到两周的时间内翻译和分析结果；在 AWS 上构建了一个支持 AI 的网络安全平台进行预测和操作，每秒可处理 60 000 起网络威胁；西门子构建了无服务器 AWS 解决方案，用于监控其设备和操作并部署大量传感器，以分析和减少发电厂警报，将发电厂控制系统警报数量降低了 90%，并且将基础设施成本降低了 85%。

## 4. 什么是技术咨询

依据中华人民共和国国家标准(GB/T 34670—2017)《技术转移服务规范》相关内容，技术咨询是指提供可行性论证、技术预测、专题技术调查、分析评价等服务的行为。

技术咨询是指受托方应委托方的要求，针对解决重大技术课题或特定的技术项目，运用所掌握的理论知识、实践知识和信息，通过调查研究，运用科学的方法和先进手段，进行分析、评价、预测，为委托方提供建议或者几种可供选择的方案。

**典型案例 1：艾美仕市场研究公司(IMS Health Inc.)。**

艾美仕市场研究公司(简称 IMS)是全球医疗健康领域先进的信息、服务和技术情报资源提供商。IMS 成立于 1954 年，在全球超过 100 个国家开展业务，为医疗健康行业顶尖的决策者提供服务。追踪全球 80% 以上的医药销售活动以及 130 万种医药产品，运用 5000 个数据库以支持 16 000 个医疗健康行业客户，拥有独特的专利研究方法和上千种适用于各类分析、数据编码和预测的商业智能系统。公司主要提供区域性销售报告、产业跟踪报告和行业的诊断预测服务等。这些研究成果通常被药物生产厂家作为衡量和预测产品销售情况的重要依据。

IMS 提供以医药市场数据为基础的全方位的市场信息和战略咨询服务，IMS 能从全球几千个信息源中获得几十亿个医药交易的信息，然后利用自己的尖端技术，用战略的眼光去诠释这些交易信息。这些交易信息经过

IMS 专家的分析和解释,成为了解医药行业各细分市场的具体状况、了解市场走向、形成市场营销新观点的重要工具之一。正因为如此,IMS 成为全球医药信息的"黄金标准"。全球 500 强制药企业几乎都是 IMS 的客户,包括辉瑞、阿斯利康、礼来、罗氏、施贵宝、GSK 等几乎所有知名跨国公司都是 IMS 数据的使用者。

IMS 公司于 1994 年进入中国,覆盖了处方药和零售药店渠道的专业医药信息研究与医药市场循证咨询服务,目前 IMS 中国有员工 450 余人,主要业务员工都具有丰富的医药行业及医药分销渠道管理方面的理论和实践经验。

**典型案例 2:IBM GBS 成功打造"永不止步"安踏新零售系统。**

安踏集团作为中国领军的综合体育用品公司,目前市值已突破千亿港元,在全球体育用品公司中排名前列。伴随着业务的快速增长,企业的供应链管理和运营效率方面也带来了不小的压力。目前,安踏拥有门店数量过万,每季推出上千款产品,加之产品的颜色、尺码等多个变量,零售端的数据可以用海量来形容,这些商品库存的管理、调配、排单、发货等海量数据需要零售业务系统具备稳定而强大的计算能力进行支撑。此外,近年来安踏还将多个新品牌纳入旗下,其多品牌战略更需要一套完整统一的系统平台为其业务运作奠定坚实基础。

IBM 全球企业咨询服务部(Global Business Services)充分利用在鞋服行业深厚的行业积累和 SAP S/4HANA 实施经验,完成对安踏集团全面的需求汇总与分析,以及九大专题的方案设计,成功将核心零售业务平台升级至 SAP S/4HANA 系统平台,实现门店、商品运营、物流仓储、财务核算等部门的无缝连接和数据共享,实现了"解决过去问题、满足现在需求、支持未来发展"的项目目标,为安踏集团加速数字化转型奠定了基础。

在 IBM 的设计和实施指导下,安踏在半年内即完成新旧系统切换。目前,安踏 SAP S/4HANA 新零售系统平台已成功支持 10 000 多家门店,不但实现了全国 50 多家分销商对新系统高达 97% 的满意度,在快速商品铺货、高效商品运营和支撑终端业务增长等方面都取得了良好效果,为安踏实现"价值零售"奠定了扎实的基础。

## 5. 什么是技术转移

依据亚太经合组织《APEC 技术转移指南》(2019 年)，国际技术转移是指技术在国家、地区、行业内部或外部，以及技术自身系统内输出与输入的活动过程。《APEC 技术转移指南》对技术转移有"公共部门技术转移"与"私营部门技术转移"的概念划分：公共部门技术转移指公立研究机构与高校、科研院所等科研成果的转移转化；私营部门技术转移指通过技术资本化、创新创业等形式开展的技术转移转化。

联合国《国际技术转移行动守则(草案)》(1985 年 6 月 5 日)中，把技术转移定义为关于制造产品、应用生产方法或提供服务的系统知识的转移，但不包括货物的单纯买卖或租赁。

依据科技部 2007 年 9 月 10 日印发的《国家技术转移示范机构管理办法》第二条第一款的规定，技术转移是指制造某种产品、应用某种工艺或提供某种服务的系统知识，通过各种途径从技术供给方向技术需求方转移的过程。

中华人民共和国国家标准(GB/T 34670—2017)《技术转移服务规范》沿用了这一定义，并规定，技术转移的内容包括科学知识、技术成果、科技信息和科技能力等。

在《国际技术转移概论》(中国财政财经出版社，1989 年)中，技术转移是指作为生产要素的技术，通过无偿的和有偿的各种途径，自一国流向他国的活动。

在《国际技术贸易》(第二版)(对外经济贸易大学出版社，2012 年)中，技术转移是指技术地理位置的变化，既可以是技术在一国家内不同地区间的移动，也可以是在世界范围内不同国家间的移动。

## 6. 什么是技术转让

依据中华人民共和国国家标准(GB/T 34670—2017)《技术转移服务规范》，技术转让是指将技术成果的相关权利让与他人或许可他人实施使用的行为。

依据《国际技术贸易》(第二版)(对外经济贸易大学出版社,2012 年),技术转让是指拥有技术的一方通过某种方式将其技术出让给另一方使用的行为。包括制造产品、应用生产方法或提供服务的系统知识的转让,而单纯的货物买卖或只涉及租赁的交易都不包括在技术转让的范围之内。

依据《国际经济法》(中信出版社,2003 年),技术转让通常是指技术持有者将其技术通过一定的方式转让给他人使用的行为。

### 7. 什么是研发外包

研发外包是指企业将本来应属于自己投入大量资源的研究与开发工作交给外部在此研发领域更加专业的企业、科研组织或学校去完成。所谓研发外包,就是将企业价值链上研究开发这一个环节外包给外部做研发更优秀的企业,以达到合理利用资源,增强企业竞争力的目的。

### 8. 什么是联合研发

联合研发是指不同国家、企业等的两个以上的自然人、法人或其他组织,为完成一定的研究开发工作,如针对新技术、新产品、新工艺或者新材料及其系统的研究与开发,由当事人各方共同投资、共同参与研究开发活动、共同承担研究开发风险并共同分享研究开发成果。

## 2.2 技术贸易的概念

### 1. 什么是技术贸易

一般意义上的技术贸易(Technology Trade)是指有偿的技术转让(Technology Assignment),它是指以协议形式,按一般商业条件,在主体之间进行的技术使用权的交换行为(王毅成,1996)。技术贸易当事双方处于同一个国家时,称为国内技术贸易;当事双方处于不同国家时,则称为国际技术贸易。

技术贸易是伴随着商品经济的发展而逐步发展起来的。18世纪以后，随着工业革命的开始，资本主义的机器生产逐步替代了封建社会的小农经济，这为科学技术应用和发展提供了广阔的空间，并出现了以许可合同为主要形式的技术交易。19世纪以来，随着西方各国技术发展加快和技术发明数量的增多，绝大多数国家都建立了以鼓励发明创造为宗旨的保护发明者权利的专利制度。专利制度的诞生，为国际技术贸易加快发展提供了重要前提。

由于跨国公司是世界先进技术的主要发明者，是世界先进技术的主要供应来源，跨国公司通过对外直接投资内部化实现其技术转移。这种技术转让行为对东道国会带来外部经济（即技术溢出）效应。

## 2. 技术贸易的标的是什么

技术贸易标的的存在形式是无形知识和产品，根据《与贸易有关的知识产权协定》（Agreement on Trade-related Aspects of Intellectual Property Rights，简称 TRIPs）等多边贸易协定，具体包括版权和相关权利、商标、地理标识、专利、集成电路布图设计（拓扑图）、未披露信息、对协议许可中限制竞争行为的控制等。这一特点决定了技术贸易所涉及的问题，往往与知识产权有关。与标的为有形资产的商品贸易相比，技术贸易当事人的关系更为多样，既有竞争也有合作，并且，依据当事双方约定的不同，在技术贸易标的转让之后，标的所有者有时并不会失去所有权，而只是标的的使用权和销售权、制造权的转让。

## 3. 技术贸易与一般贸易的差别是什么

技术贸易的方式与一般贸易相比更加复杂，主要包括许可贸易、建设-经营-转让（Build-Operate-Transfer，BOT）、特许经营、技术服务、技术咨询、合作研发、工程承包和补偿贸易等。在很多贸易实践中，还存在大量的技术贸易标的嵌入在实物的机器设备等商品中，技术贸易与商品贸易同步进行的情况。因此，技术贸易不仅包括供求双方的责任、义务和权利，还涉及对技术产权的保护、技术秘密的保护、限制与反限制、技术风险和技术使用费等问题,适用法律不仅有合同法、合作法、投资法,还包括知识产权法、技术转让法等。

　　国际服务贸易是指服务提供者从一国境内通过商业现场或自然人现场向消费者提供服务,并获取外汇收入的过程。狭义的国际服务贸易指发生在国家之间的服务输入和输出活动;广义的国际服务贸易包括有形的劳动力的输出输入和无形的提供者与使用者在没有实体接触的情况下的交易活动。

# 第3章

# 国际技术贸易的定义

国际技术贸易区别于货物贸易与服务贸易,呈现形式软件化、格局多极化、方式复杂化等特点,与国际投资具有直接和间接关系,同时也是体现知识产权的重要形式。

## 1. 什么是国际技术贸易

技术贸易当事双方处于不同国家时,称为国际技术贸易,指不同国家的当事人之间按一般商业条件进行的技术跨越国境的转让或许可行为。

依据商务部发布的《中国服务贸易指南》,国际技术贸易是指不同国家的企业、经济组织或个人之间,按照一般商业条件,向对方出售或从对方购买软件技术使用权的一种国际贸易行为。它由技术出口和技术引进这两方面组成。简言之,国际技术贸易是一种国与国之间的以纯技术的使用权为主要交易标的的商业行为。

依据对《国际技术贸易》(第二版)(高等教育出版社,2011)的解读,国际技术转移、国际技术转让、国际技术贸易三者的定义是逐步聚焦的,国际技术转让是一种特殊的国际技术转移形式,主要特点是有特定双方,以援助、赠予或出售为主要方式,而其中有偿的技术转让则被称作国际技术贸易。

## 2. 国际技术贸易的主要特点是什么

技术贸易的特点主要是区别于货物贸易与服务贸易的。其中,货物贸易(Goods Trade)也称为有形贸易或者商品贸易,其用于交换的商品主要是以实物形态表现的各种实物性商品;服务贸易(Service Trade)则是有关服务输入和输出的一种贸易方式,一方向另一方提供服务并获得收入的过程称为服务出口或服务输出,购买他人服务的一方称为服务进口或服务输入。与二者相比,当代国际技术贸易存在如下主要特点:

(1) 技术贸易软件化。国际技术贸易发展初期,主要是通过机器设备和新产品的买卖进行的,在购买硬件设备的同时兼买软件技术,软件技术随硬件技术发生转移。进入 21 世纪以后,为了引进某项专利或专有技术而采购技术设备或关键零部件,以纯知识或信息形态的软件技术贸易占据了越来越重要的地位。

(2) 信息技术迅猛发展。随着信息技术研发、应用的发展,信息产品及由此带来的信息技术产品交易呈现出高增长的发展态势,信息对技术贸易的重要性进一步加强。

(3) 国际技术贸易格局呈现多极化。目前国际技术贸易市场份额的80%集中在发达国家手中,美、英、法、德、日是世界最主要的技术贸易大国。

(4) 技术贸易方式日益增多和复杂化。技术贸易包括许可贸易、工业产权、非工业产权的转让、技术服务和技术咨询、国际租赁、国际工程承包、国际合作生产和开发、直接投资、设备买卖、国际 BOT、特许经营、补偿贸易等方式,交易越来越复杂。

(5) 跨国公司扮演重要角色。跨国公司已经成为世界新技术、新发明的主要发源地,同时也是技术转让的主要载体,是国际技术贸易活动的重要组织者。

(6) 高新技术和关键技术的垄断性加强。各国企业在国际市场上的竞争空前激烈,竞争力体现在企业的技术实力上,因此各国企业都在最大限度地保持着技术垄断。

## 3. 国际技术贸易与国际商品贸易的区别和联系是什么

第一,贸易标的不同。

(1)技术贸易的标的是无形的知识,商品贸易的标的是有形的消费品。

(2)技术贸易的标的可以在出售后保留所有权,商品贸易的标的一经出售即失去了所有权。

第二,当事人关系不同。

(1)技术贸易的双方一般是同行业者,商品贸易的双方不一定是同行业者。

(2)在技术贸易合同期内,技术贸易的双方构成较长时间的合作关系与竞争关系,商品贸易中不存在这样的双重关系。

第三,生产目的不同。

技术贸易的供方不一定是为了技术贸易而研发技术,商品贸易的供方是为了商品贸易而生产产品。

相较于商品贸易,技术贸易呈现出更大的复杂性和难度。除国际贸易涉及的普遍问题以外,技术贸易还需要面对知识产权保护、技术合同签定与延续、法律法规的复杂性、政府干预程度的不同等。

## 4. 国际技术贸易与国际投资的关系是什么

### 1)直接关系

(1)国际技术转让是国际直接投资的一种方式。

(2)国际直接投资的方向通常与技术转移方向具有一致性。

### 2)间接关系

(1)国际直接投资会通过国际投资企业直接带进新技术、新设备、新标准、新理念等,拉动本国生产力增强和生产水平提高,产生技术扩散效应。

(2)国际直接投资会通过将新技术转移给本国企业,促进本国企业技术水平提高和人才培养,产生技术外溢效应。

（3）国际直接投资会通过国际投资企业不断进行新技术、新产品研发，形成社会技术创新环境，产生技术创新效应。

## 5．国际技术贸易与知识产权的关系是什么

（1）知识产权是国际技术贸易的重要客体。

（2）知识产权保护促进了国际技术贸易的发展。

（3）国际技术贸易是知识产权价值体现的重要形式。

（4）国际技术贸易合同必须符合知识产权法律保护原则。

# 第4章

# 国际技术贸易的方式

国际技术贸易的方式分为直接贸易和间接贸易。直接技术贸易方式有许可贸易等。间接技术贸易又分为国际合作生产、国际合作开发、成套设备和技术引进、国际工程承包、建设-经营-转让(BOT)、特许经营、补偿贸易、数字贸易等方式。

## 4.1 直接贸易

### 1. 什么是许可交易

许可交易是指知识产权所有人作为许可方,在一定条件下,通过与被许可方(技术引进方)签定许可合同,将其所拥有的专利权、商标权、专有技术和计算机软件著作权等授予被许可方,允许被许可方使用该项技术制造、销售、进口合同产品的技术交易行为。

根据被许可方获得的权利不同,许可的类型分为独占许可、排他许可、普通许可、可转让许可、交叉许可和强制许可合同。被许可方获得许可方的专利实施权,主要有使用制造和销售权。

许可是目前国际技术交易之中最普遍采用的方式,许可不仅单纯地成为独立的交易方式,还可以同国际工程承包、BOT 等方式一并构成组合的交易方式。

达成许可交易,应重点协商和洽谈的条款包括:对许可合同之中关键名词术语的解释;许可的方式;被许可方或者许可方专利实施的授权;专利技术内容(技术的名称、转让技术的途径和范围、专利申请的情况)技术性能指标与考核验收指标;技术资料的交付时间、方式、地点;费用和支付模式;考核与验收;保密;技术服务与培训;技术改进;技术保证和权利保证;侵权和税费约定;等等。

**典型案例 1:应用于发展中国家的水清洁技术(加州大学伯克利分校)。**

提供安全饮用水一直是发展中国家最基本的挑战之一。2004 年亚洲海啸等自然灾害使这一挑战更加困难和紧迫。随着海啸后疾病的蔓延,幸存者迫切需要获得安全的饮用水。在斯里兰卡和印度南部泰米尔纳德邦的一些受灾社区,一个创新的水消毒装置——UV 自来水厂(UVW)获得了紧急援助。这款功能强大的设备可以杀灭水中的致病菌、病毒和寄生虫,只需使用 40 瓦电源供电的无屏蔽荧光灯发出的紫外线即可。

这项技术的发明人贾基尔博士(Dr. Gadgil)任职于加州大学伯克利分校,他最初的想法是,将技术信息直接披露在互联网上,免费交由全世界使用。然而在加州大学技术转移办公室的劝说下,他认识到,尽管他本人无意愿从发明中获利,但是专利许可制度能够保证他的技术不被滥用,能够让他的发明得到保护。

UVW 系统的性能和实际使用的可行性促使大约 12 家公司主动接洽,每家公司都要求获得独家许可。根据签定合同的正当程序,加州大学技术转移办公室选择了一家致力于提供安全饮用水的美国公司"水健康国际公司"(WHI)作为 UVW 系统的许可方。

节选自世界知识产权组织(WIPO)典型案例:应用于发展中国家的水清洁技术(https://www.wipo.int/ipadvantage/en/details.jsp?id=2564)。

**典型案例 2:以技术许可交易为起点完成国际技术转移:三星电子DRAM 技术。**

DRAM(Dynamic Random Access Memory)即动态随机存取存储器,是最为常见的系统内存。DRAM 只能将数据保持很短的时间。为了保持数据，DRAM 使用电容存储，所以必须隔一段时间就刷新一次，如果存储单元没有被刷新，存储的信息就会丢失。

三星电子自 1969 年在韩国水原成立以来，已成长为一个全球性的信息技术企业，在世界各地拥有 200 多家子公司。1983 年，三星电子决定将半导体作为核心事业之一，其中重点研发 DRAM 技术。在这一年里，三星电子从美光（Micron Technology）进口了大批 64KB DRAM 芯片，并购买了该芯片的技术许可证。

在成功生产 64KB DRAM 并积累生产经验之后，三星又从美光购买了 256KB DRAM 的技术许可证，同时三星也开始通过反向工程自行开发 256KB DRAM。1988 年，256KB DRAM 宣布开发成功，标志着三星第一次获得了 DRAM 技术的完全知识产权。这一成功也体现了三星模仿创新的能力。

1986 年，韩国政府开始实施"超大规模集成电路技术共同开发计划"（产学研项目）。以韩国电子研究所为主导，三星、现代、LG 等大企业组成半导体研究开发联合体，集中人才、资金进行 1MB DRAM 到 64MB DRAM 的基础核心技术研发。在结合政府主导的核心技术后，三星于 1998 年在该联合体中第一个完成 4MB DRAM 及 8MB DRAM 的开发，这标志着三星 DRAM 已经达到了当时的国际先进水平。短短五年时间，从最初的技术模仿到形成完全的自主研发能力，三星成功完成了 DRAM 的国际技术转移。

## 2. 什么是独占许可

独占许可（Exclusive License）是指在许可贸易合同规定的有效期限和区域内，被许可方对许可证协议下的许可标的享有的独占使用、制造、进口和销售等权利；许可方不得在该时间、该地区享受这些权利，也不得把该项标的转让给合同区域内的任何第三方。

## 3. 什么是排他许可

排他许可（Sole License）是指在许可贸易合同规定的有效期限和区域

内,被许可方有权利使用许可标的从事使用、制造、进口和销售等活动;许可方可以保留这些权利,但许可方不得将这项技术转让给合同区域内的任何第三方。

### 4. 什么是普通许可

普通许可(Simple License)是指在许可贸易合同规定的有效期限和区域内,被许可方有权利使用许可标的从事使用、制造、进口和销售等活动;许可方也可以保留这些权利;同时,许可方可以将这些权利转让给任何第三方。

### 5. 什么是可转让许可

可转让许可(Transferable License)又称分许可、再许可或者从属许可,指在许可贸易合同规定的有效期限和区域内,被许可方有权使用许可标的从事使用、制造、进口和销售等活动;经许可方同意,被许可方有权以许可人的身份允许第三方在规定地域内使用许可方获得的许可标的,即被许可方拥有许可标的的转让权。

### 6. 什么是交叉许可

交叉许可(Cross-Licensing)是指在许可贸易合同规定的有效期限和区域内,合同当事各方均以其所拥有或持有的技术,按照合同所约定的条件交换技术的使用权供对方使用,互为许可方和被许可方。

### 7. 什么是强制许可

专利行政部门依照专利法规定,强制许可指不经专利权人同意,直接允许其他单位或个人实施其发明创造的一种许可方式,又称非自愿许可。

### 8. 什么是工业产权和非工业产权的转让

工业产权包括所有人所拥有的专利权、商标权、专有技术和计算机软件著作权等,非工业产权包括专利申请权、专有技术、商业秘密等。

工业产权和非工业产权转让的交易方式与许可交易方式的区别在于,在许可交易中许可方允许被许可方使用其技术,而不转让其技术的所有权,工业产权和非工业产权的转让则是将所有权和使用权全部让渡给受让方。

工业产权和非工业产权的转让的交易方式之中,工业产权转让主要的方式专利权转让,非工业产权转让的主要方式包括专利申请权、专有技术、商业秘密的转让。

**典型案例:通过签定保密协议开展外部合作——Somatex 医疗技术有限公司。**

1992 年,在时任总经理和技术总监 Frank Kniep 的带领下,Somatex 医疗技术有限公司(简称"Somatex 公司")专门从事医疗产品的开发、制造和销售方面的创新工作,其产品可用于肿瘤消融微创、缓解骨质疏松性骨折疼痛、肿瘤治疗等方面。Somatex 公司的创新产品特别适用于介入放射学,在这个领域,通过磁共振成像(MRI)等技术的图像引导,医生可以看到人体内部结构的图像,从而进行微创手术。

作为一家不断成长的公司,Somatex 公司致力于在德国国内和国际范围内建立销售伙伴关系。在国际层面上,Somatex 公司与已有的专业供应商合作,从而利用现有的专业知识和分销渠道。其产品在 40 多个国家和地区有售。

Somatex 公司采用商业秘密与技术许可相结合的形式进行国际合作,在产品进入市场之前,Somatex 公司首先在研究人员和外部顾问的帮助下,确定是否有必要与客户签定保密协议,通过商业秘密形式开展合作。如果没有必要,则通过正常的商标和专利形式寻求知识产权保护。Somatex 公司对于授予许可、从他处获得许可或签定交叉许可协议持开放态度,并在这方面采取务实的决策方法。

节选自世界知识产权组织(WIPO)典型案例:Somatex 医疗技术有限公司(https://www.wipo.int/ipadvantage/en/details.jsp? Id=2582)。

# 9. 什么是专利权的转让

专利权是指由一国或地区(特别行政区或者几个国家)的政府主管部门

或机构,根据发明人(设计人)就其发明创造所提出的专利申请,经审查认为其专利申请符合法律规定,授予该发明人或者其权利受让人在一定的年限内对其发明成果享有的专利权或独占权。

专利权转让是专利所有权的转让,包括专利权的全部权利的让渡,不能将所有权分割转让,专利权转让后,原专利权人的一切权利都归受让方所有,受让人成为新的专利权人。

达成专利权转让交易,应重点协商和洽谈的条款包括:发明创造的名称和内容;专利申请日、申请号、专利号和专利权有效期;专利实施和实施许可情况;技术信息和资料清单;转让费用及支付等。

## 10. 什么是专利申请权的转让

由于创新技术的私有性和商品属性,各国法律都承认做出发明创造的人有权申请专利。专利申请权不是法律授予的权利,而是民法中的一种权利,发明创造人有权申请专利,但并不意味着一定可以成为专利权人,因为根据专利申请的先申请原则,对同一项发明创造,有两个以上申请人先后提出专利申请的时候,专利权会授予先提出专利申请的人。

专利申请权转让是指受让人按照一般商业条件,通过支付一定的金额给专利申请人,将专利申请权转让给受让人,从而使受让人成为新的专利申请人,与此同时原发明创造人失去就同一发明创造再申请专利的权利。

达成专利申请权转让交易,应重点协商和洽谈的条款包括:发明创造的名称和内容;发明创造的性质(特别应该载明是否为职务发明、是否为共有发明、是否为委托开发或合作开发、转让方与各方的关系等);技术信息和资料清单;转让费用及支付;资料交付的时间、地点与方式;专利申请被驳回的责任;专利许可的情况;违约金或损失赔偿计算的方法等。

## 11. 什么是专有技术转让

1969 年的保护工业产权国际联盟会议曾定义"专有技术是享有一定价值的,可以利用的,为有限范围的专家知道,未在任何地方公开过,其完整形式和未作为工业产权,取得任何形式保护的技术、知识、经验、数据方法或其组合",这是迄今为止对专有技术所做出的最有影响力的定义之一。

专有技术的表现形式既可以包括图纸、配方、公式、操作指南、技术记录、实验报告等有形的形式,也可以是无形的,如技术人员所掌握的不成书面的各种经验知识和技巧。无论有形还是无形,表现形式可以归纳为文字图形形式、实物形式、口头或操作演示形式三种。专有技术不像专利技术一样经过了法律的认可而得到保护,专有技术是一种非法定的权利,并具有知识性、保密性、经济性和传授性4个基本特征。

由于专有技术所有人不具有独占权利,这就造成当专有技术泄露,或他人通过独立研究获得同样的专有技术的时候,不需要征得原有专有技术所有人的许可就可以使用,所以单纯地转让专有技术一般不被归纳在许可交易的范畴之内,而称为专有技术转让。

专有技术转让经常与许可交易同时在同一项国际技术交易之中存在,彼此相互补充、相互依托,共同完成一项国际技术转移合作。

## 12. 什么是专利联营

专利联营是指有两个或者两个以上具有共同战略意义和对等经营实力的企业或特定的事业和职能部门等,为了达到技术创新而拥有市场,共同使用研发资源,创新专利技术等战略目标,通过协议契约而结合成的优势互补或优势相长,风险共担,生产要素水平是双向或多向流动的一种松散式的合作模式。专利联营是在微电子、信息通信等通信创新技术领域,被国内、国际产业创新企业广泛采用的业务模式。

专利联营是指两个以上的专利权人相互订立的将各自所拥有的专利权或者专利许可权许可对方或者共同授予第三方的一种专利许可方式。专利联营又被译为"专利池",其典型特征是不同的专利权所有人将各自所有的专利集中起来进行经营。

专利联营是专利交叉许可、打包许可融合的一种复杂化表现形式。专利联营究其本质,是专利许可的一种模式,但其比纯粹的专利许可更为复杂,因为其融合了专利整合管理以及专利联营标识捆绑等内容,而不仅仅限于专利许可。所以专利联营与专利的交叉许可和打包许可这两种纯粹的专利许可方式是不同的。

专利联营实际上是综合运用了交叉许可的内部性与打包许可的外部性的特点。一个简单的专利池实际上就是基于两个专利持有企业之间的交叉许可,并且/或者共同对外进行打包许可;而涉及更多成员的复杂专利联营,内部成员的关系一般也是基于交叉许可,然后对外统一打包许可。专利联营与交叉许可以及打包许可的最大不同之处,在于其对入池专利的整合管理上。

**典型案例:意大利-韩国联合项目"爬虫胶囊"。**

近年来,人们对微创治疗和外科手术越来越感兴趣,纷纷着手开发微型仪器和内窥镜。"爬虫胶囊"是意大利和韩国的一个联合项目,由意大利圣安娜大学的生物力学工程师 Arianna Menciassi 博士领导,并得到首尔智能微系统中心(IMC)的支持,突破了传统内窥镜选择的局限性。该项目开发了一种可吞咽胶囊式微型机器人,提供了更有效的内窥镜性能。

在圣安娜大学技术转移体系的帮助下,意、韩双方就提供有关专利申请成本、提交专利申请方法和时间、潜在市场信息、发明开发机会以及某项发明的工业生产风险等全面服务达成一致,双方共同围绕爬虫胶囊形成了专利网络,有效保护技术专利和发明成果。

节选自世界知识产权组织(WIPO)典型案例:"爬虫胶囊"(https://www.wipo.int/ipadvantage/en/details.jsp?id=2609)。

## 4.2 间接贸易

### 1. 什么是与直接投资组合的国际技术交易

直接投资是以取得全部或部分企业控制权、获得企业未来成长收益分享为目的的一种投资方式,通常通过新建企业、购买现有企业的股票和股权来达到目的,当直接投资跨越国境的时候,就成为国际直接投资(Foreign Direct Investment,FDI)。

许多国家的法律允许在建立合资企业的时候,以工业产权等技术作为资本进行投资,我国《中外合资经营企业法》也规定合资企业各方可以以现金、实物、工业产权等进行投资,这样直接投资就变成了国际技术贸易的一种间接手段。

通过国际直接投资形成间接的国际技术交易合作,通常具有以下特点:第一是工业产权专有技术作为一种出资方式,而使技术具有资本属性;第二是合资双方或各方不仅建立共同经营关系,而且形成一种技术合作关系;第三是技术出资方由于分享到合资企业利润的预期,而更关心合资企业的技术实施、产品质量和经济效益。

跨国公司是世界先进技术的主要发明者,是创新技术的重要策源地。来自高新技术产业领域的跨国公司的直接投资,能够给东道国带来先进的技术,客观上间接促进了东道国的经济发展,这就形成了技术外溢的效应。跨国公司进行技术转移,可以通过建立合资企业技术许可协议、向子公司转移等多种渠道,但比较而言,还是更加愿意采用向子公司转移的方式,因为这种技术扩散对于跨国公司来说是可控的,并且收益可以预期。

**典型案例 1:美的以近 40 亿欧元收购德国工业明珠库卡。**

2016 年,美的以近 40 亿欧元收购德国工业明珠库卡机器人公司(以下简称"库卡公司")在全球并购市场引起轰动。美的收购了德国工业机器人巨头库卡公司 94.55% 的股份,成为最大控股股东,库卡公司成立于 1989 年,是世界上领先的工业机器人制造商之一。与发那科、安川、ABB 并列为全球四大工业机器人公司。

库卡公司在工业机器人中的技术不可小觑。根据库卡公司公开的数据,其在全球拥有超过 4000 项的相关专利技术,其中约有 150 项专利在中、美、日、欧、韩五地通用。美的集团为了确保能够成功收购库卡公司,最终溢价了 36.2% 的收购价,以 40 亿欧元的价格拿下了 94.55% 的股权,实现了绝对控股。而美的集团收购库卡机器人公司,除了看好工业机器人市场之外,与美的集团自身产业也有着很大的关系。近些年来,美的集团的各个车间已经开始大规模应用工业机器人。一份数据也可以看出来,在美的集团的空调事业部,随着营收增长 200 亿元,工人的数量却减少了 2 万多人,这也得益于工业机器人的应用。

**典型案例 2：中国万向集团的国际技术转移之路。**

中国万向集团创始于 1969 年，从鲁冠球以 4000 元资金在钱塘江畔创办农机修配厂开始，以年均递增 25.89％的速度，发展成为营收超千亿、利润过百亿的现代化跨国企业集团。它是一家以民营经济为主体的企业集团，其总部设在浙江省杭州市萧山经济技术开发区。中国万向集团是国务院 120 家试点企业集团之一，以汽车零部件产业为核心，从零件到部件到系统，逐渐做大做强，表现出了较强的技术能力。中国万向集团通过反向工程、联合研发、直接投资等形式开展国际技术转移，其中典型的直接投资案例如下：

2000 年 10 月，中国万向集团收购了美国俄亥俄州的舍勒公司。舍勒公司始建于 1923 年，是美国汽车维修市场的三大零部件供应商之一，在欧、亚、美、澳各大洲都设有分公司。自 1994 年开始，舍勒公司的经营日趋下滑直至出现严重亏损。而中国万向集团刚在美国设立的万向美国公司在美国市场的销售额成倍增长。最终，中国万向与美国的 LSB 公司联合收购了舍勒公司，舍勒的品牌、技术专利、专用设备和市场等归万向所有。并购舍勒公司的直接效果是，万向在美国市场每年至少增加 500 万美元的销售额。更深远的意义则是，由于舍勒公司在万向节领域的专利很多都列全美之首，并购了舍勒，万向产品有了当地品牌和技术的支持。这种本土化策略，使万向产品迅速融入了美国市场。

2001 年，中国万向集团又收购了美国纳斯达克上市公司 UAI。UAI 公司成立于 1981 年，专业生产、制造与销售制动器零件，其客户涵盖美国各大汽车零部件连锁店及采购集团，拥有自有品牌 UBP 商标。1994 年在纳斯达克上市。然而在 2000 年前后，受美国经济状况的影响，UAI 公司的股票缩水约 90％，必须寻找新出路。经过谈判，万向收购了 UAI 公司，并成为第一大股东。万向通过收购海外上市公司，打开了国际资本市场的大门。同时，也引进了国外的先进技术。通过采用 UAI 公司的高水平的制动器制造技术，为万向国内企业的高起点建设制动器生产基地奠定了坚实的基础。

翼形万向节传动轴的发明者和全球最大的一级供应商——美国洛克福特公司创立于 1890 年，是名副其实的百年老店。除了生产重型传动轴外，还生产用于重型非高速公路车辆的机械及液压离合器、动力转向装置等。洛克福特公司拥有大量的产品专利,先进的检测中心、技术中心,对产品的认证、测试、开发有非常高的专业水平。然而,从 1998 年开始,公司出现亏损。2003 年 10 月,万向集团成功收购了百年老店美国洛克福特公司,成为第一大股东。

万向集团在技术转移过程中采用的是一种非正式(或者称为非市场媒介)的国际技术转移模式,这种模式不再把国际技术转移作为明确目标,而是进行反向工程、反向的人才流动、合作联盟和其他的非产权联系。

## 2. 什么是国际联合研发

国际联合研发是指不同国家间发生的联合研发合作,关于联合研发的定义见 2.1 节。

以协议形式达成国际合作开发,应重点协商和洽谈的条款包括:技术目标、技术内容、技术方法和路线,各方研究开发内容(工作进度、开发期限、开发地点);研究开发工作组织管理和协调的方式;各方为合作研究开发工作提供技术资料的范围和条件以及完成之后的处理方式;研究开发经费以及其他投资的提供和支付方式;提供技术的相关方对其所提供的技术不侵犯任何第三人合法权益的保障;各方将相关联合研发项目的部分或全部工作转让与第三方承担的约定;关于研究开发失败或部分失败各方承担风险和损失的约定;各方交付研究开发成果的约定(交付的形式、数量、时间、地点);合作各方对研究开发工作成果进行验收的约定;关于各方获得技术成果最(最终研究成果及阶段性成果)及其相关知识产权的归属和处理方式方面的约定;各方对于技术性成果文件上写明技术成果完成者的权利和取得有关荣誉证书奖励的权利方面的约定;研发经费所购置设备、器材资料的财产处理方面的约定;各方关于合作研究开发成果进行后续改进,以及获得由此产生,具有实质性或创造性的新技术成果的相关约定。

鉴于国际技术转移的长期、复杂性和风险,更加建议以直接投资的方式成立以联合研发为目标的合资企业,依据企业章程,形成责权明晰、风险共担、利益共享的联合研发合作稳定机制。

**典型案例 1:抗新冠肺炎药物开展联合研发。**

2020 年 7 月 6 日,中国科技部通过国家科技管理信息系统公共服务平台发布国家重点研发计划2020年度应对新冠疫情国际合作项目申报指南显示,拟在抗新冠肺炎的药物、疫苗、检测试剂、中医药4个方向,部署11个研究任务。

药物方向,聚焦抗病毒药物、免疫治疗药物和抗体类药物等抗新冠肺炎药物开展联合研发,研究任务包括抗新冠肺炎药物的国际多中心临床研究和临床前国际合作研究。

疫苗方向,4项研究任务分别是:新冠肺炎疫苗的国际多中心临床研究;新冠病毒疫苗的国际化质量评价关键技术国际合作;基于新佐剂的新冠病毒疫苗研发和国际合作;疫苗研发有关的基础研究国际合作。

检测试剂方向,3项研究任务分别是:新冠病毒检测的新技术新方法国际合作研究;核酸快速现场自动化检测试剂和设备国际合作开发;高灵敏度、高通量新冠病毒检测一体化综合解决方案国际合作研究。

中医药方向,研究任务包括中药治疗新冠肺炎的作用机理机制国际合作研究、中药治疗新冠肺炎临床国际合作研究。

该申报指南称,部署应对新冠疫情国际合作项目,旨在通过国际科技创新合作加强同有关国家特别是疫情高发国家,以及有关国际组织等在药物、疫苗、检测、中医药等方面的科研合作,共享科研数据和信息,共同解决疫情防控科研攻关的重点难点问题。

**典型案例2:信达生物制药集团与罗氏制药达成近20亿美元的抗癌新药合作研发战略意向。**

2020年6月,信达生物制药集团宣布与全球制药巨头罗氏制药达成一项总金额近20亿美元的战略合作意向,双方将在双特异性抗体和免疫细胞治疗领域开展深度合作,造福全球肿瘤患者。据了解,双方此次合作的潜在里程碑款项总计约19.6亿美元,是迄今为止我国生物制药领域最大的国际技术合作之一,也是罗氏制药首次与中国生物制药企业进行技术平台型合作。

双方此次强强联合,覆盖双抗和细胞治疗的多个产品的早期研发和后期临床开发,有望带来肿瘤制药的全新突破性疗法。此次信达生物和罗氏制药合作,主要聚焦两大抗癌新药热点:双特异性抗体和细胞治疗。随着医药技术的发展,肿瘤治疗已经从此前的化疗、靶向治疗过渡到免疫治疗,极大地提高了病人的生存率。而在肿瘤免疫治疗领域,单克隆抗体、双特异性抗体、细胞治疗是最前沿的三大趋势。

罗氏制药是双特异性抗体的全球引领者,此次合作将利用罗氏制药独有的"21"双特异性抗体平台,结合信达生物开发的抗体新靶点,打造双抗领域最先进的 T 细胞衔接抗体(T cell engager),覆盖 2 个产品的早期研发和后期临床开发。此次合作还将利用罗氏独有的通用型 CAR-T 平台,开发细胞治疗领域下一代的通用型 CAR-T 产品,覆盖 5 个产品的早期研发和后期临床开发。双方此次合作的另一领域是免疫细胞治疗,该技术是把通过生物工程改造过的细胞本身作为一种药物,输入人体内来治疗疾病。

## 3. 什么是国际委托研发

委托方委托另一国家的受托方进行新技术、新产品、新工艺、新材料或者新品种及其系统的研究开发国际技术交易合作模式。鉴于国际委托研发近似于技术服务交易方式的特点,可主要参考技术服务相关内容。

合同研发外包(CRO)属于委托研发的形式之一,是指企业将本来应属于自己投入大量资源的研究与开发工作交给外部在此研发领域更加专业的企业、科研组织或学校去完成。

CRO 在生物医药领域开展更加普遍。医药研发合同外包服务机构,于 20 世纪 70 年代起源于美国,目前全球 CRO 公司已发展到近千家,可提供的技术服务内容包括药物筛选、药学研究、临床前试验(药物评价)、临床试验(Ⅰ~Ⅳ期)、药物警戒服务、注册服务等。Frost & Sullivan 报告预测,全球 CRO 市场规模预计 2018—2022 年均复合增长率为 10.5% 左右,2022 年全球 CRO 市场规模将达到 727 亿美元。

通过合同研发外包,对培养受托方所在国家相关领域方向研究人员,掌握研究方法,熟悉科研装备,提升研究水平有非常显著的成效。

**典型案例:联想 ODM＋战略。**

作为营业额达 460 亿美元的世界 500 强公司,联想为用户提供安全及高品质的产品组合和服务,包括个人计算机、工作站、服务器、存储、智能电视以及智能手机、平板电脑和应用软件等一系列移动互联产品。联想独一无二的混合制造模式是集团强大的竞争优势：在巴西、日本、美国和中国多地设立自主生产基地，自主生产量远高于其他硬件供应商。自主生产基地实力，加上与原始设计制造商（ODM）的战略合作，为联想打造了高效卓越的供应链，以快速响应市场变化、加快产品创新，并支持快速的业务发展。联想的 ODM＋战略包括三大内容：

（1）通过消除 ODM"中间商"，并充分利用联想价值 200 亿美元的供应链体系，缩短定制产品的开发-上市周期，并且降低成本。

（2）为全球部署提供服务支持。联想可以通过全球多达 3000 个服务地点的 10000 名服务代表的帮助，在 160 多个国家部署设备。传统的 ODM 没有这样的服务覆盖范围，只能将大部分服务外包出去。

（3）端到端的超大规模数据中心组织，不仅能够确保业务优先性，还可以帮助产品的按时上市。

联想也许是超大规模数据中心业务的后来者，但其端到端的 ODM＋模式已经足以将它推向市场的前端。ODM＋差别化目标是显而易见的——比原始设备制造商（OEM）更快、更灵活，比 ODM 更安全、更容易合作，拥有更广阔的全球覆盖和技术支持能力。与许多 OEM 不同的是，联想利用自有工厂制造产品，可以推出无数的定制和半定制设计。

## 4. 什么是国际合作生产

国际合作生产是不同国家的企业之间签定协议，商定共同生产销售某项或几项产品，即共同研发，共同生产，相互提供在生产中所需的零部件，共同进行产品销售并共负盈亏的方式。

在共同生产的过程之中，技术较强的一方可以将生产该产品的技术传授给技术较弱的一方。国际合作生产不仅是跨国公司打开发展中国家市场的重要形式，也是发展中国家引进技术和资金的重要途径。

国际合作生产的主要形式有：第一，双方根据合同规定分别生产不同的零部件，然后由一方或双方共同组装成为成品；第二，由技术较强的一方向技术较弱的一方提供关键部件和技术指导，技术较弱的一方自己生产次要部件并组装成产品销售;第三,由技术较强的一方向技术较弱的一方提供生产技术或设备,技术较弱的一方利用这些技术或设备生产出成品出售技术较强的一方,通过转让技术或出售设备获得收益;第四,技术较强的国家允许技术较弱的国家生产由其提供设计图纸或技术的产品,或者合作生产由技术较强的国家提供技术并集体采购的产品成为特许生产合作。大型高端装备成批量的国际贸易,通常采用部分数量采购,部分采用国际合作生产的模式,同时实现国际技术转移。

**典型案例 1:北汽与韩国现代合作。**

北京现代一直被视为中韩合资的典范。二十多年前,无论是北汽集团还是韩国现代,在中国汽车市场都并非强者,而双方的合资项目历经短短 20年的发展,就成功地在中国汽车市场站稳脚跟,跻身于中国汽车产业第一阵营。

作为韩国工业的一个缩影,20 世纪 60 年代,现代汽车公司成立。20 世纪 70 年代后,现代汽车开始研发拥有自主权的轿车,生产出了 Pony 车型,并建立了蔚山工厂。在经过成立之初与福特汽车的技术合作之后,现代汽车从零部件生产技术的引进入手,一直在引进、消化、吸收相关造车技术,并在 1975 年实现了 100% 的国产化。

北京现代从最初的 5 万辆到如今的百万产能,以一种被竞争对手称为"现代速度"的步伐在高歌猛进。北京现代目前已建设了三座世界级样板工厂、三座发动机工厂和一座承担自主研发任务的技术中心,并构建了完善的零部件供应体系和售后服务体系。

**典型案例 2:中芯国际。**

中芯国际成立于 2000 年,以其在美国半导体巨头德州仪器工作 20 年积累的丰富的 DRAM 芯片设计和建厂经验,为大陆芯片制造业发展做出了很大贡献。

主营业务是晶圆代工(Foundry)。晶圆代工,指不自己设计销售芯片,承接设计公司(Fabless,如英伟达、超微半导体公司 AMD、华为海思)订单,专司半导体制造的企业,是半导体产业两种产业模式中垂直分工模式的一环;另一种模式即 IDM(如英特尔)模式,是指一家企业完成芯片的全部设计、制造、封装，并直接对外销售芯片。中芯国际目前是全球第五大纯晶圆代工厂商，同时也是国内产能最大、制程最先进、产线最齐全的晶圆代工厂商。

制程工艺是晶圆代工厂最核心的竞争力，中芯国际目前可以成熟提供 $0.13\mu m$ 到 28nm 晶圆代工与技术服务，包括 28nm 及以上逻辑芯片代工服务，40nm 及以上射频芯片代工服务 38nm NAND Flash 代工服务等。

## 5. 什么是国际工程承包

国际工程承包是发包人和承包商之间通过国与国之间的招标投标或者其他途径，由承包商以自己的资金、技术、劳务、设备、材料、管理、许可权等为发包人实施项目建设，或办理其他经济事务，并按事先商定的合同条件收取费用的国际经济技术合作模式，通常适用于基础设施领域。制造业工程和以资源为基础的工程。

国际承包工程项目在建设过程中，通常包含有大量的技术转让的内容，特别是项目建设的后期承包人要培训业主的技术人员提供所需要的技术知识，包括专利技术、专有技术等，以保证项目的正常运营。

依据承包人对发包人承担的不同责任，国际工程承包可以分为独立承包（总承包）、分包、合作承包、转包（转让）、承包代理等业务形式。

**典型案例 1：中建股份阿尔及利亚分公司承包阿尔及尔布迈丁国际机场工程项目。**

阿尔及尔布迈丁新国际机场，1987 年由其他公司开始施工，后因种种原因，项目中断了 15 年，成为当地著名的"烂尾楼"。

2003 年，中建股份阿尔及利亚分公司击败法国布依格等众多行业劲敌获得该项目合同。这是中国公司在海外市场承接的第一个符合欧洲标准的交钥匙总承包机场项目。监理为法国巴黎机场工程公司。

经过两年多精心施工，工程于 2006 年 7 月 5 日正式投入运营。阿尔及利亚总统布特弗利卡出席了新机场的剪彩仪式，并对中建为阿尔及利亚人民所做出的贡献表示感谢。

**典型案例 2：中国铁建与卡塔尔 HBK 联合体承包卢赛尔体育场项目。**

该项目位于卡塔尔，是卢赛尔 2022 年 FIFA 主体育场项目，项目业主为卡塔尔政府专门成立的一个世界杯组委会的管理机构——最高交付和遗产委员会(Supreme Committee for delivery and legacy,SC),负责统一管理体育场馆和配套设施的建设。

2015年12月,卡塔尔最高交付和遗产委员会面向国际市场发布卢赛尔体育场项目招标公告。根据业主要求,本次投标主体必须为联合体,并且各联合体必须由本地承包商主导。2016年年初,中国铁建国际集团沙特分公司以中国铁建股份公司的名义与卡塔尔HBK公司组成了紧密型联合体,并向业主提交了资格预审文件。

2016年10月,HBK-CRCC联合体参加了业主标书答疑会,在经过5次商务谈判和9轮技术答疑的激烈竞争后,其标书终于凭借技术标第一的压倒性优势在最后6家竞争者中脱颖而出,成功中标。项目承包金额为28亿卡塔尔里亚尔(约7.7亿美元)。

## 6. 什么是 BOT 合作

BOT 是英文 Build-Operate-Transfer 的缩写,即"建设、经营、移交",又称"交钥匙"。

传统意义上的 BOT 聚焦于"公共工程特许权"概念,是指政府吸引非官方资本进入基础设施的一种投融资方式。其特征是政府与非官方资本签定项目特许权经营协议,将基础设施项目的建设和投产后一定时间内的经营权交给非官方资本组建的投资机构,由该投资机构自行筹集资金进行项目建设和经营,在特许经营期内非官方投资机构收回项目建设成本并取得合理利润,经营期满后将该基础设施移交给政府。

BOT 模式可以更广泛地应用于公共工程领域以外,以建设、运营和转让设施的方式,吸引资金和技术的有效模式。特别针对与掌握大量专有技术和商业秘密形式非工业产权形式创新技术或创新能力的企业而言,BOT 形式能在更好地保护技术权利的同时,高效率地开发市场。

**典型案例:英法海峡隧道 BOT 项目。**

拿破仑曾经梦想修建连接英国和欧洲大陆的海底隧道,然而这个未能圆成的梦,在20世纪末终于以 BOT 项目的方式变成了现实。1994年投入

运营的英法海峡隧道横穿多佛海峡,连接英国多佛和法国桑加特,全长约
50km,其中 37.2km 在海底,12.8km 在陆地下面。英法海峡隧道项目堪称
20 世纪最伟大的基础设施建设工程。

1981 年 9 月 11 日,英法两国举行首脑会晤,宣布该项目必须由私营部
门出资建设经营。最后项目由欧洲隧道公司负责,它由英国的海峡隧道工
程集团(一个由英国银行和承包商组成的财团)和法国的法兰西-曼彻公司
(一个由法国银行和承包商组合的财团)联合组成。

项目资金来源依靠股票和贷款筹集。政府允许项目公司自由确定通行
费,其收入的一半是通过与国家铁路部门签定的铁路协议产生的,用隧道把
伦敦与欧洲的高速铁路网相连接,其他收入来自通过隧道运载商业机动车
辆的高速火车收费。政府保证,不允许在 30 年内建设第二个跨越海峡的连
接通道。项目公司承担隧道建设的全部风险,并且为造价超支设置 18 亿美
元的备用金。

项目的特许期长达 55 年(其中包括计划为 7 年的施工期)。它是目前世
界上特许期最长的一个 BOT 项目。

## 7. 什么是特许经营

特许经营是由特许授予人(简称特许人)按照合同要求给予另一国家的
特许被授予人(简称被授予人、受许人、被特许人或加盟者)的一种权利,允
许被授予人使用特许人已经开发出来的商标、经营技术诀窍、商业秘密、专
有技术、专利或者其他形式的工业知识产权的国际技术交易模式。

在特许经营的各种类型中,生产特许与国际技术转移联系最为紧密。
生产特许是受许人投资建厂,或通过 OEM 的方式,使用特许人的商标、专利
技术、设计和生产标准等来加工或制造取得特许权的产品,然后经过经销商
或零售商出售的合作模式。通常,被授予人不与最终用户消费者直接交易。

## 8. 什么是补偿贸易

补偿贸易是指买方在信贷的基础上,从国外厂商进口机器、设备、技术

以及某些原材料,约定在一定期限内,用产品或劳务等偿还的一种贸易方式。对缺乏技术和外汇的国家,利用这种贸易方式可以用外资买进先进技术和设备,以加速国家的经济发展,增强出口能力。

## 9. 什么是国际租赁

国际租赁是指一国出租人在不转让所有权的条件下,把设备、物资、商品等出租给另一国的承租人,在一定期限内使用。承租人按租赁契约的规定分期付给出租人一定的租金,从而形成一种融资与融物相结合的业务方式。当企业进行创业,或者要扩大生产规模的生产技术装备不足,而无力筹集到资金来源购买时,企业可以通过租赁公司先租赁设备发展生产,获得利润之后,用利润来缴纳租金,最后还清全部租金和余值之后可以取得设备的所有权,在这一过程中企业通过融物达到了融资的目的,出租人通过购买设备再出租收取租金,最后收回全部的设备投资,并拥有或者出售自备,从而获得了投资的效益。

在大型高技术装备,特别是手术机器人、医学影像设备、精密分析仪器等方面,对于技术装备供方来说,国际租赁也是一种高效率拓展市场,发展用户的业务模式。

## 10. 什么是成套设备引进

成套设备引进是指从国外进口一整套用于生产某种产品的机器设备,是技术引进的一种形式。发展中国家在经济发展初期经常采用这种方式。供货外商在提供机器设备的同时,一般还承担工程设计任务,设备安装、使用的技术指导,职工技术培训等。

**典型案例:深耕"一带一路"大市场——徐工百台环卫成套设备出口中亚。**

徐工指徐州工程机械集团有限公司,成立于1989年3月,成立30多年来始终保持中国工程机械行业排头兵的地位,目前位居世界工程机械行业第5位。2017年8月,徐工105台环卫成套设备从徐工环境产业基地出发,通过中欧国际班列出口到乌兹别克斯坦,该笔交易刷新了中国环卫机械行业单笔合同额出口纪录。刷新了中国环卫机械行业单笔合同额出口纪录。

乌兹别克斯坦作为"一带一路"沿线的重要国家,一直受到徐工集团的高度重视,深耕乌兹别克斯坦市场十余年,徐工产品在当地市场占有率达70%以上,已成为当地的工程机械第一品牌,受到了乌兹别克斯坦客户的高度好评。按照乌兹别克斯坦政府今年升级改造垃圾回收运输系统的项目计划,本次给乌兹别克斯坦的 10 个州供货 105 台设备,涵盖垃圾压缩车、车厢可卸式垃圾车、吸污车,产品门类齐全。

出口单上不少都是徐工环境的拳头产品,像垃圾压缩车、车厢可卸式垃圾车。从产品的性价比来看,徐工的产品明显要高出同类产品,比如压缩车产品,要比行业内同类产品压缩比高 30% 左右,同样一辆压缩车,徐工的产品能压制 60 桶垃圾,而国内一般的产品只能压制 40 桶左右。

徐工环境产业目前已形成生活垃圾综合处理成套设备、道路清洁成套设备、除冰雪成套设备、垃圾资源化利用成套设备、建筑垃圾处理成套设备等 5 大产品群为主导的发展架构,出口成套设备是环境公司积极拓展海外市场的又一力作,徐工环境公司凭借精准的市场定位和对质量的执着追求,不断开拓国际市场。

## 11. 什么是高端人才引进

目前国家和地方各级政府纷纷出台人才新政,主要采取重点突破的方式:

(1) 引进专家的目标人群,将主要聚焦于"高精尖缺"四类人才。也即着力引进具有重大原始创新能力的科学家、具有推动重大技术革新能力的科技领军人才、具有世界眼光和战略开拓能力的企业家,以及我国经济社会发展急需的其他各类人才。

(2) 引进专家的扶植重点,主要在于国家重大引才工程,以及重要的引才聚才国际合作平台建设,选择在国际化程度相对较高的大学、科研机构、大型企业和中小型高新企业的重点学科领域选点布局,重点突破。

(3) 引进专家的综合环境建设,也需采用"点面结合"重点突破的方式,进一步加大类似北京中关村人才特区、上海张江国际人才试验区等"人才特区"和"试验区"的建设力度,使之在短时间内迅速形成既具中国特色又能与国际接轨的引才(含政策、生活、文化)环境,以吸引更多的高端外国专家群体来创新创业。而对于大多数全球争夺的年富力强的世界顶级人才,在暂时缺少全职引进的条件和可能的现实情况下,采取不拘形式(访问交流、项目合作、咨询指导等)的个性化方式灵活"引才"仍将是一种行之有效的高层次外国专家引进之举。

**典型案例 1:江苏省产业技术研究院的国际人才引进工作。**

江苏省产业技术研究院成立于 2013 年 9 月 27 日,是经省人民政府批准成立的新型科研组织,是全省创新体系的重要组成部分。江苏省产业技术研究院创新体制机制,着力先行先试,建成需求引导、多元共建、统分结合、体系开放、接轨国际、水平一流的新型研发组织,成为江苏省产业技术研发转化的先导中心、人才培育的重要基地。

多年来,江苏省产业技术研究院在全球遴选国际一流领军人才担任研发项目经理,并赋权组建研发团队。据 2018 年 8 月数据,累计聘请 58 位项目经理,其中外院士 6 人、外籍专家 18 人,来自 GE、阿里、三星、赛诺菲等全球知名企业 22 人,由项目经理吸引的全球顶尖专家近 500 人。截至 2020 年 4 月,拥有各类研发人员约 8000 人,聘请国内外 114 名产业领军人才担任项目经理,引进研究员 131 位,集聚近 1000 名高层次人才。

为了最大化发挥高端国际人才作用,江苏产研院采用的重要措施之一是开展"项目经理"制,这是江苏产研院推动财政资金使用的方式创新,围绕产业需求,以市场化方式和国际化视野,全球招聘专业化领军人才担任项目经理,赋予项目经理组织研发团队、提出研发课题、决定经费分配的权利,由项目经理组织产业重大技术攻关,自主考察推荐优质项目,加强顶层设计,提高技术产业化的执行效率。

**典型案例 2:兰州大学引进首位外籍双聘院士:促进材料、纳米科技等学科发展。**

创建于 1909 年的兰州大学是教育部直属全国重点综合性大学,是中国西北地区第一所具有现代意义的高等学校。改革开放以来,学校先后入选

"211 工程""985 工程"建设高校,2017 年入选世界一流大学建设高校(A 类)。

德国卡尔斯鲁厄理工大学的 Herbert Gleiter(赫伯特·格莱特)是国际著名材料科学家、纳米材料研究领域开创者、德国 Karlsruhe 理工学院纳米技术研究所教授、创建所长、高级研究员,也是德国科学院、美国工程院、美国人文与科学院等十多个国家科学院、工程院院士。他长期从事金属中晶界与界面研究,因先后提出纳米晶材料、纳米玻璃的构想,并对纳米晶材料和纳米玻璃的结构和性质进行了一系列先驱性研究,开创并引领纳米材料研究领域,曾被提名诺贝尔奖,享誉国际学术界,是最著名的材料科学家之一。

2020 年 11 月,兰州大学校长严纯华院士代表学校宣布了国务院学位委员会同意兰州大学授予 Gleiter 名誉博士学位的决定,严纯华代表学校签署聘书,聘任 Gleiter 为兰州大学 senior fellow(兼职院士)。这是兰州大学历史上选聘的第一位外籍双聘院士,Gleiter 院士将在兰州大学促进材料、纳米科技及相关学科的发展,指导青年教师、培养研究生;以适时开设前沿讲座、选修课程形式,开展前沿科学介绍和研究理念指导;推动相关领域人员深度开展国际合作。

# 第5章

# 国际技术贸易的标的

国际技术贸易的标的包括专利权、商标权、专有技术、计算机软件、工业品外观设计、版权、工业产权、集成电路等。开展国际技术贸易时需遵守 FRAND 原则,在数字经济中实现数据自由流动。

## 1. 国际技术贸易的标的是什么

作为技术贸易标的的技术不仅包括上述定义中所包含的专利或知识,还包括商标、版权等。具体地说,技术包括专有技术、商业秘密、专利(发明、实用新型、外观设计)、商标(商品商标和服务商标)、版权(权利对象包括计算机软件)及邻接权、集成电路等,还包括提供的相关服务。

## 2. 如何理解工业产权属于国际技术贸易的标的

工业产权的范围意指受工业产权保护的智力成果和工商业标记的范围。《保护工业产权巴黎公约》(Paris Convention for the Protection of Industrial Property)规定的工业产权的保护对象是专利、实用新型、工业品外观设计、商标、服务标记、厂商名称、产地标记或原产地名称、制止不正当竞争。"工业产权"中的"工业"一词不限于一般意义上的工业,还包括农业、采掘业、商业等。

工业产权的范围有广义和狭义之分。广义的工业产权范围包括《巴黎公约》所界定的上述各项。此外,随着科学技术和经济的发展,又有一些智力成果被纳入工业产权的范围,如商业秘密、植物新品种等。按照《与贸易有关的知识产权协议》划定的知识产权,商业秘密和植物新品种均在受保护范围之内。狭义的工业产权是指传统意义上的工业产权,一般包括专利权、商标权及不正当竞争的权利。

### 3. 如何理解专利权属于国际技术贸易的标的

根据世界知识产权组织的定义,专利是指由政府机构(或代表及各国家的地区机构)根据申请而发给的一种文件。文件中说明一项发明,并给予它一种法律地位,即此项得到专利的发明通常只能在专利持有人的授权下,才能予以利用(制造、使用、销售、进口),对专利的保护期限,一般为 15～20 年。

对专利权的说明见 4.1 节。

### 4. 如何理解商标权属于国际技术贸易的标的

商标指生产经营者为了使人们识别其商品,以区别于其他人所生产或销售的同种或同类的商品而使用的一种特定商业标志。商标通常由文字、图形或两者的组合所组成。

根据《与贸易有关的知识产权协定》,任何一种能够将一个企业的商品或服务区别于其他企业的商品或服务的标记或标记的组合均为商标。

根据国际保护工业产权协会的规定,商标是用以区分个人或集体所提供的商品及服务的标记。

根据世界知识产权组织的规定,商标是将一个企业的产品或服务与另一企业的产品或服务区别开的标记。

根据我国《商标法》的规定,任何能够将自然人、法人或者其他组织的商品与他人的商品区别开的可视性标志,包括文字、图形、字母、数字、三维标志和颜色组合,以及上述要素的组合,均可以作为商标申请注册。

商标权是最重要的知识产权之一,也是国际技术贸易的重要标的。

## 5. 如何理解专有技术属于国际技术贸易的标的

专有技术(Know-How)狭义上指用于工业生产的技术知识,如设计图纸、工艺流程、配方、公式、生产数据等;广义上认为除工业技术外,还包括生产管理、商业经营方面的,不享有专利保护的知识。

根据世界知识产权组织的定义,专有技术指关于产品制造的方法和技术实施的全部知识、诀窍和经验,或来自经验或记忆,能够实际应用,特别是工业上应用的工业情报、数据、资料或知识。

专有技术作为国际技术贸易的主要标的,是一种含有巨大经济利益的财产权。这种财产权在现实的商业交易中形成了纷繁复杂的权利义务关系,对传统的知识产权保护制度提出了新挑战,目前专有技术的保护与专利保护不同,世界各国还没有制定保护专有技术的专门法律,国际上也尚未形成系统的法律保护专有技术,因此,只能援引有关的法律对专有技术进行保护,如合同法、侵权行为法、反不正当竞争法和刑法等。

## 6. 如何理解计算机软件属于国际技术贸易的标的

根据世界知识产权组织的有关定义,计算机软件指能使计算机执行特定作者的意图而产生一定结果的信息处理指令的集合,以及有关说明和解释。根据我国《计算机软件保护条例》,计算机软件是指计算机程序及其有关文档。

计算机软件的贸易方式包括发行计算机软件、软件使用权许可、软件使用权转让,其中只有软件使用权许可属于技术贸易。软件使用权许可是指软件的著作权人或其受让者,在软件著作权保护期内,根据有关法规,与被许可方签定书面合同,许可被许可方在合同规定的方式、条件、范围和时间内行使软件著作权人或其受让者拥有的使用权,一般软件使用权许可的标的多为专用软件,如银行财会软件、项目评估软件、质量控制与检测软件等。

国际上对计算机软件主要以版权、专利、商业秘密、商标权的形式进行保护。

### 7. 如何理解工业品外观设计属于国际技术贸易的标的

工业品外观设计是指对产品的形状、图案或者其结合以及色彩与形状、图案的结合所做出的富有美感并适于工业应用的新设计。

根据我国《专利法》规定，申请工业品外观设计专利权的条件是，该设计必须于申请日前，国内外出版物上公开发表过的或者国内公开使用过的外观设计，不相同或不相近似。外观设计应适于工业应用。所以，对外观设计只要求新颖性和实用性，而不要求创造性。

### 8. 如何理解版权属于国际技术贸易的标的

版权是指法律赋予作者对其作品享有的专有权利，即作者或其他版权人对其创作的文学、艺术、科学作品依版权法和相关法律而享有的人身权利和财产权利的总称。版权属于民事权利的范畴，是知识产权的一个重要组成部分。

版权贸易既是一种贸易活动，又是实施版权保护的一种手段，即通过正常贸易的方式对所涉及的有关版权权利给予保护，同时通过版权保护又促进版权贸易的发展。在国际版权贸易中，通常采用许可使用合同或者转让合同作为版权贸易的主要形式。

### 9. 如何理解集成电路属于国际技术贸易的标的

根据世界知识产权组织《关于集成电路知识产权条约》：集成电路是指一种产品，在它的最终形态或中间形态将多个元件，其中至少有一个是有源元件，和全部或部分互连集成在一块材料之中和/或之上，以执行某种电子功能。

集成电路具有集成性、整体性、工艺严格的特点。

集成电路通过布图设计专有权保障在国际技术贸易中的商业利益，布图设计又称掩膜作品或拓扑图，是指集成电路中至少有一个是有源元件，和部分或者全部互连线路的三维配置，或者为制造集成电路而准备的上述三维配置。布图设计要受到保护必须具备独创性。

国际上对集成电路布图设计主要以著作权、专利的形式进行专有权保护。

根据《与贸易有关的知识产权协定》，各成员国应根据《保护集成电路知识产权的华盛顿公约》的相关条款保护集成电路的布图设计。此外，《与贸易有关的知识产权协定》还增加了补充性规定。未经权利人许可，下列行为非法：为商业目的进口、销售或以其他方式分销受保护的布图设计、含有受保护布图设计的集成电路，或者含有上述集成电路的物品。

## 10. 如何理解数据跨境流动

数据是指对客观事件进行记录并可以鉴别的符号，是对客观事物的性质、状态以及相互关系等进行记载的物理符号或这些物理符号的组合。它是可识别的、抽象的符号。它不仅指狭义上的数字，还可以是具有一定意义的文字、字母、数字符号的组合、图形、图像、视频、音频等，也是客观事物的属性、数量、位置及其相互关系的抽象表示。

2016年，二十国集团（G20）在杭州峰会进程中启动了中国担任主席国期间的数字经济政策讨论，G20成员就数字经济、创新、新工业革命等问题进行了全面讨论。德国发起了首个G20数字经济部长级会议，并在G20数字经济路线图和部长宣言的基础上，制定了全方位的数字政策。2018年，阿根廷将重点放在数字政府、数字性别鸿沟、基础设施部署和数字经济衡量指标上，并建立了G20数字政策知识库。负责数字经济的部长们发表了一份声明，指出有必要继续开展工作，进一步了解在线平台等新兴技术和新商业模式对市场的影响，以及推进公平、可预测、透明、有竞争力和非歧视性的商业环境的必要性。

2019年，大阪G20关于贸易和数字经济的部长声明中提出信任数据自由流动，认同数字化为促进包容和可持续经济增长提供了机遇。数字化还促进了社会和文化的进步与发展，培育了创新，并使个人和企业（包括微型、中小微型企业）从新兴技术和数据中受益。数据、信息、思想和知识的跨境流动产生了更高的生产率、更优质的创新和更好的可持续发展性。同时，数据的自由流动带来了一定的挑战。通过继续应对与隐私、数据保护、知识产权和安全相关的挑战,可以进一步促进数据的自由流动,增强消费者和企业的信任。为了建立信任和促进数据的自由流动,有必要尊重国内和国际的法律框架。基于信任的数据自由流动将利用数字经济带来的机遇。

## 11. 如何理解标准必要专利和 FRAND 原则

根据我国国家标准《标准化和有关领域的通用术语》(GB/T 3935.1—1996),技术标准是指对一个或几个生产技术设立的必须得符合要求的条件以及能达到此标准的实施技术。技术标准具有强制性,其实质上是一种统一的技术规范,能保障重复性的技术事项在一定范围内得到统一,以保证产品或服务的互换性、兼容性和通用性,从而降低生产成本,并且消除消费者的"替换成本"以保护消费者的利益,并促进技术进步。

根据《北京市高级人民法院专利侵权判定指南(2017)》,标准必要专利是指为实施技术标准而必须使用的专利。因此,当某一行业中的技术标准被确立之后,产品制造商为了使其产品符合标准,必须实施标准必要专利,这就带来了标准必要专利许可中的专利劫持和许可费叠加问题。

其中,专利劫持是指专利权人通过将其专利纳入标准,使潜在被许可人无从寻求替代技术,从而掌握了专利许可市场上的支配权,并因此获得要求明显高于该专利被纳入标准之前的专利许可费的能力;许可费叠加的产生原因是当某一标准由多个专利组成,而组成标准的专利分属于不同的权利人时,标准的实施就必须获得多次授权,多次支付许可使用费,从而可能导致标准实施人的产品最终负担的许可费过高的问题。这一问题最为突出的就是在信息通信技术领域,因其产业技术上的复杂性要求模块化生产、细化分工以提高生产效率,因此对标准化生产要求高,其标准中的必要专利动辄成千上万。

FRAND(Fair,Reasonable And Non-Discriminatory)原则即公平、合理、无歧视原则,是目前被各标准组织普遍采纳的,对加入标准化组织的成员要求必须遵守的原则,其内涵在于要求标准必要专利权人以公平、合理、无歧视的条件,将其标准必要专利授权给所有潜在被许可人使用。其目的在于平衡标准必要专利权人与被许可人之间的利益,对标准必要专利权人加以制约,阻止其滥用权利,从而减轻专利劫持和专利费叠加问题。国际标准化组织,例如欧洲电信标准化协会(European Telecommunication Standards Institute,ETSI)、美国电气及电子工程师学会(Institute of Electrical and Electronics Engineers,IEEE)等在其专利政策中都规定了 FRAND 条款。

第6章

**CHAPTER 6**

# 国际技术贸易的主体

国际技术贸易的主体涉及技术供给方和技术需求方。技术的复杂性对供需双方带来了约束，需要专业机构和人才参与，促进中国对外开展跨境创新技术商业价值转化合作，在供应端组织海外创新技术项目、人才与机构资源渠道，在需求端发掘国内产业合作需求。

## 1. 国际技术贸易中的技术供给方主要有哪些

技术贸易供方即技术开发者，开发技术的目的一般并不是为了转让，技术贸易的供方通常本身就是这项技术的开发者或使用者，即技术在绝大多数情况下是供方在自己的生产活动中创造出来的，而且只是在某些特定的情况下，例如为了获取更多的利润或者是即将淘汰技术时，才转让给他人。技术供方是科技创新技术的供应者，将海外创新技术项目、人才与机构创新能力、创新资源等作为交易标的，加入技术贸易交易及技术转移合作。

技术供给方的作为是技术贸易得以实现并如何实现的首要前提，它往往出于交换战略的需要。对任何技术来说，拥有者的垄断都是有限的。技术的拥有者也会根据技术的发展状况，怀着不同目的而转移技术，从中换取各种"利益"。

## 2. 国际技术贸易中的技术需求方主要有哪些

技术贸易需求方即技术的吸纳者和引进方。根据需求方的不同类型、特点以及工作流程等相关部分,有效的需求方项目应具备的特点包括:从不同国家(经济体)的科技成果、专利技术、专有技术以及通过科技成果投资等形成的产权的权属方,承接其出让所拥有的全部或部分技术或技术产权的本国吸纳者和引进方,是技术或及技术产权形成跨越国境的转移、转让或许可的技术受体。

一般而言,技术需求方对外部技术吸纳能力的强弱直接制约着技术贸易的渠道、方式及其所能达到的实效。技术吸纳能力,作为从事技术贸易活动的本领,是以技术预测能力为起点,包括学习、理解、消化、吸收、模仿、改良、创新等多种能力在内并梯次演进的复杂能力形态。每一种能力都是在前一种能力的基础上发展而来并将前者包括其中,成为衡量技术需求方技术实力强弱的基本尺度并最终决定技术贸易所能获得的实际成效。从实体与属性的关系上看,技术吸纳能力是技术需求方内部各种基础性实体要素的技术表现力。技术吸纳能力对技术贸易的制约作用,本质上是这些实体要素的集成作用。

## 3. 技术持有者如何通过国际技术贸易使自己的技术实现商业价值

对于创新技术实现商业价值转化的过程,当前国际上存在不同的定义与理解,技术商品化、知识商品化、技术资本化以及国内政策概念中的科技成果转化等等,连同上面提到的技术转移等术语都用于描述这一过程。《APEC技术转移指南》将其定义为"技术商品化"。技术资本化(或技术商品化)概念是指通过市场机制使技术创新成果转化为资本(或商品),进而实现技术创新成果市场化的过程。

目前全球最大的技术转移行业组织——北美大学技术经理人协会(AUTM),将"技术转移(Technology Transfer)"专门指向美国高校、科研机构、非营利组织、研究型医院四类重点公共资源支持的创新机构,针对创新技术产业价值转换过程之中的"死亡之谷"挑战,开展创新成果产业化的实践。有时为了更加准确,也称之为"高校技术转移(Academy Technology Transfer)"。

将技术转移分为"垂直技术转移"与"水平技术转移"两类也是一种技术转移分类方法。美国研究科学政策与管理的著名科学家 H. 布鲁克斯于1966 年提出"垂直的与水平的技术转移"的观点,他认为"技术转移可分为垂直的和水平的。垂直技术转移是从一般到特殊的转移,指将新的科学知识转化成技术并成为新产品或者工艺的过程;水平技术转移是将某种已有的技术经修改后转作新的用途,也包括将技术转让给不发达国家等等"。

按照目前普及度更广的解读,垂直技术转移是将技术从一个发展水平向另一个技术水平转移,将基础研究的科技信息转移到应用研究或产业应用,从基本原理转移到具体应用,成果转化、高校技术转移、知识商品化等与其概念更加接近。水平技术转移是将技术信息从一个组织向另一个组织转移,技术转移可以从一种应用转移到另一种应用,技术交易、国际技术贸易与其概念更加接近。

创新技术商业价值转化概念可以覆盖水平与垂直两类技术转移。

## 4. 技术的复杂性对供需双方都有哪些约束条件

技术贸易供需双方在传授和使用技术的过程中,构成较长时间的合作关系。但同时双方之间又存在很大的矛盾,因为需方希望从供方那里获得最先进的技术,从而提高自己的生产能力和水平,制造出更新更好的产品,满足国内市场及出口的需要;而技术供方既不希望需方成为自己的竞争者,又想通过转让技术获得更多的利润。从这方面说,技术贸易双方的关系又是竞争的关系,技术供方一般总是千方百计地对技术受方对转让技术的使用施加种种限制。除此之外,技术的复杂性还对供需双方带来如下约束条件:

(1)技术交易涉及的问题,除包括供求双方的责任、权利和义务外,还涉及对工业产权的保护、对技术秘密的保守、限制与反限制以及技术风险和使用费的确定等特殊而复杂的问题。有些事项的执行贯穿在技术转让合同的整个有效期间,并不因提供了技术、支付了使用费而终止。有的合同有效期长达几年,甚至十几年,使用费的支付也可能要延续若干年。

(2)技术贸易所涉及的法律也比一般商品贸易复杂,除合同法外,还有工业产权法、税法、投资法、技术转让法等。

(3)政府干预的程度不同,技术进出口对技术进出口的国家影响较大,政治性、政策性强。

## 5. 为什么国际技术贸易中需要专业机构的参与

2017 年 9 月国务院印发《国家技术转移体系建设方案》之中明确提出:发展技术转移机构,加强高校、科研院所和社会化技术转移机构建设,壮大专业化技术转移人才队伍,加强技术转移人才培养。开展国际技术转移专业人才培养,发展国际技术转移专业机构是每个国际技术转移行业组织的核心工作之一。

专业服务机构的参与是为了促成国际技术贸易与国际技术转移合作,第三方专业机构的服务包括技术开发服务、技术转让服务、技术服务与技术咨询服务、技术评价服务、技术投融资服务、信息网络平台服务等。

专业平台机构的参与是为了促进国家对外开展跨境创新技术商业价值转化合作,在供应端组织海外创新技术项目、人才与机构资源渠道,在需求端发掘国内产业合作需求。

## 6. 国际技术转移中心可以分为哪些类型

(1)促进中心:主要开展机制建设、国际交流合作、人才培养、能力建设等国际技术交易促进工作,负责资源汇集、搭建交流合作平台并推动达成国际共识、工作路径,完成促进科技成果转移转化与国际科技创新合作的定位与使命。

(2)交易中心:提出与完善国际技术交易标准化文件,具备提供技术合同登记、技术评估、技术人才认证与就业许可、技术交易结算、知识产权库与专利合作协定、技术交易仲裁等资质与服务能力,发挥对技术交易市场的支撑作用。

（3）运营中心：掌握创新技术项目投资、维护、授权等知识产权运营能力,持有知识产权池与技术转移项目库,把握技术项目开发合作机会,面向基金、孵化器、园区,形成承载和发展能力,推动以国际技术交易与知识产权为线索的商业价值转化与累积。

## 7. 什么是国际技术转移机构和技术经理人

技术转移机构是以技术转移为主要职能的机构,是指为实现和加速技术转移过程提供各类服务的机构,如技术经纪、技术集成与经营和技术投融资服务机构等,包括从事技术转移服务的事业、企业、社团和其他依法成立的单位。技术转移机构主要包括以下类型：

（1）社会化(市场化)技术转移机构——为技术转移提供知识产权、法律咨询、资产评估、技术评价等专业服务。既可以为高等院校、科研院所等技术供方提供技术信息加工整理、知识产权管理、技术推介、技术评估等专业服务,也可以为企业等技术需求方获得或输出技术提供专业服务；既可以为高等院校、科研院所、企业等创新主体提供专业的技术转移服务,也可以为技术供需双方提供经纪服务。技术转移服务机构和技术转移中介机构等均属于社会化技术转移机构。

（2）高等院校、科研院所技术转移机构——提供科技成果的市场开拓、营销推广、售后服务等,包括受理本单位的发明披露、分析科技成果应用价值、管理知识产权、指导科技人员开展科技成果转化、制定科技成果转化方案等。

（3）企业内部技术转移机构——作为企业的职能部门,负责获取外部技术、向企业外部输出不适宜由企业转化的技术成果。作为大企业实行开放式创新设立的专门机构或平台,负责从社会获取所需的技术,向企业外部输出技术等。

技术经理人指提供技术交易、技术转移等服务的专业人员。由于国际技术贸易是一个复杂的过程,涉及如何将技术发明、技术创造应用到其他国家或地区的生产和经营中,使之转化为当地的实际生产力,产生社会与经济效益,因而技术经理人往往是涉及技术、贸易、管理、金融、法律等相关领域知识的复合型人才。

从事国际技术贸易的技术经理人需要衔接国际技术资源,提供国际技术贸易相关服务,以促成国际技术转移与技术交易为工作目标,是促进国际技术交易合作与创新技术产业化落地的重要工作力量。

## 8. 技术经理人需要掌握哪些能力

专业知识和服务能力是构成技术经理人职业素质的主要成分。具体而言,一是应掌握开展国际技术转移服务的专业知识,即:

(1)掌握国际创新技术商品化合作以及国际技术转移、国际技术交易相关概念、基础知识;

(2)掌握国际技术交易涉及国际公约、国家法律法规、知识产权保护规则等;

(3)掌握对于国际创新技术商品化生命周期的有关知识,把握不同阶段发展特征、形成基本判断;

(4)掌握国内创新技术成果转化涉及重要政策法规;

(5)具备提供技术商品化国际合作中介服务的有关知识;

(6)掌握技术商品化国际项目交易和有关协议的知识;

(7)掌握国际技术商品化全链条要素资源、专业能力构成,以及与之相关创新生态体系内容,形成资源整合工作的视野;

(8)提供专业化、个性化国际创新技术商品化合作咨询的相关知识。

二是应具备开展国际技术转移服务的工作能力,即:

(1)具备提供科技中介服务的能力;

(2)具备提供专业化、个性化技术转移服务的能力;

(3)具备提供中试熟化、技术集成、资本和基金运作等的知识结构和服务能力;

(4)具备开展更深入、更专业技术转移的知识储备和服务能力;

(5)具备业务拓展能力;

（6）具备合作进程推进计划制定能力；

（7）谈判与议价协调能力；

（8）政策咨询能力；

（9）交易咨询能力；

（10）关键问题把握与重要风险提示能力；

（11）目标市场国际技术交易合作战略咨询能力；

（12）目标市场知识产权与技术发展战略咨询（包括二次开发、确定技术路径等）能力；

（13）相关创新技术领域行业市场分析能力；

（14）目标市场竞争力分析能力；

（15）国际市场竞争力分析能力；

（16）目标市场国际技术交易可行性与合作模式咨询能力；

（17）目标市场需求方目标客户分析能力；

（18）国际创新技术风险投资分析能力；

（19）专利（商标、著作权等）申请能力。

# 第7章

# 国际技术贸易中的定价和交易

　　国际技术贸易价格具有不确定性，技术的研究开发成本、市场需求、技术成熟度、技术生命周期、支付方式等都对技术价格产生影响。国际技术贸易中常见的税费有所得税、营业税、关税和进口环节增值税、流转税。通过规范的国际技术贸易合同，防范国际技术贸易中的法律风险，解决国际技术贸易争端。

## 1. 技术价格的含义是什么

　　技术是有价值的，技术的价格也是以技术的价值为依据的，但技术的价格与其价值并不相符。技术的价格实际上是技术的接收方向技术的提供方所支付的全部费用，同时也是双方对超额利润和新增利润的分成。

## 2. 如何理解技术价格的不确定性

　　一般商品的价格为固定价格，此价格可由买卖双方共同约定。但由于技术商品具有转让的周期性的特点，因此技术价格在很大程度上取决于该项技术的使用效果。在许多情况下，技术转让费是根据该技术使用后所创造的经济效益来计算的，而创造的经济效益通常为一个变化区域很大的变量，人们事先很难作出准确的估计。此外，由于技术商品的定价目标的多样性和因素的复杂性，因此技术的价格还取决于社会、市场环境，受让企业的管理水平、生产规模和状况等多种因素。对不同的受让方,其许可或转让的价格可以不同,甚至相差很大。

## 3. 技术价格的构成有哪些

技术的价格一般由以下三部分构成:

(1) 技术的研究开发成本。这部分成本主要包括研究开发技术时所消耗的物化劳动和活劳动,它要占技术价格的 $60\%\sim70\%$。

(2) 增值成本。技术的提供方为转让技术而支付的各种费用,如派出谈判人员、提供资料和样品、培训人员、签定合同、提供技术指导及管理等费用。

(3) 利润补偿费。由于技术的转让,使技术的提供方在技术的受让国市场或第三国市场失去该技术的市场份额而蒙受利润损失所应得到的补偿。

## 4. 什么是技术成熟度

技术成熟度(Technology Readiness Level,TRL)是技术成熟性的量度系统,包含了技术成熟性等级的划分、定义和各个等级的判定条件,用于衡量技术满足预期应用目标的程度。

美国航空航天局(National Aeronautics and Space Administration,NASA)在 1989 年首次提出了 TRL 的概念,最开始只有 7 个等级,后经修改,在 1995 年的 NASA 白皮书中增加至 9 个等级。美国国防部(Department of Defense,DoD)对于 TRL 的定义可用于计算机领域、生物医学领域以及制造业领域。

按照共 9 个等级的 TRL 分级,其中 1~3 级属于基础研究,3~4 级发展到应用研究,5~7 级是技术发展阶段,8~9 级是成品原型和系统测试阶段。不同领域的技术都可用 TRL 来评估其成熟度,只是定义有所不同。创新技术商业价值转化所解决的"死亡之谷"问题集中在 4~7 级。

技术成熟度是科技成果相对于服务于实际生产所处的发展阶段,技术成熟度与传统的技术发展阶段的关系是:1~3 级为理论研究阶段,4~6 级为实验室应用阶段,7~9级为工业化生产研究阶段。

## 5. 如何评价技术成熟度

技术成熟度评价近年来广泛应用于各国航天及国防科技工业领域,除了军方国防部门外,国内外很多国防科研机构、国防企业都探索将技术成熟度评价方法应用于型号项目的研制管理,包括运用技术成熟度管理工具制定企业技术战略与科技发展规划、制定企业有限技术需求与发展路线图、制定企业科研工作计划、开展技术监控与评价等。

《科学技术研究项目评价通则》GB/T 29900—2009 中技术成熟度评价对基础研究项目及应用研究项目设立了不同的考量特征,通过建立工作分解结构(Work Breakdown Structure,WBS)将项目分解至工作分解单元(Work Breakdown Element,WBE),分别对每一项 WBE 进行技术成熟度(Technology Readiness Level,TRL)评估,形成技术成熟度量表(Technology Readiness Level Scale,TRLS),最终获得技术成熟度量值,依照加权平均值的计算方式得到技术成熟指数(Technology Readiness Index,TRI),对技术项目的技术增加值(Technology Value Added,TVA)予以评估。在评估技术成熟度的同时,兼顾考虑技术隐性收益(Technique Recessive Profit,TRP)、技术显性收益(Technique Dominance Profit,TDP)水平。

实施技术成熟度评价,对于加强产品研制的风险管理,加快产品研制的进度,有效管理企业的研发活动,进而提升企业的竞争力具有重要意义。当前,技术成熟度评价受到国内总装备部、国防科技工业局、航天航空等部门的重视,并开始应用试点,但无论是评价方法还是应用,都属于初期阶段。

## 6. 影响技术价格的因素有哪些

技术价格的确定及波动幅度一般取决于以下 6 个因素:

(1) 技术的研究开发成本。研究开发成本高的技术,其价格较高,否则较低。

(2) 技术的市场需求。市场需求大的技术,其价格较高,否则较低。

（3）技术的成熟度。引进后便能使用的成熟度较高的技术，其价格较高；引进后还需进一步开发试验才能使用的技术，价格较低。

（4）技术的生命周期。生命周期长的技术价格较高；很快会被淘汰的技术价格较低。

（5）支付方式，是一次性支付还是分期付款都会影响价格的高低。前者的价格一般较低；后者的价格一般较高。

（6）谈判的策略与技巧也直接影响着技术的价格。

## 7. 技术作价的基本原则是什么

国际技术贸易是一种以平等互利为基础的国际商业活动。一笔国际技术交易应使供方和受方均能获得公平合理的经济效益。因此，供方和受方在确定一项技术交易价格时，不仅要考虑自身的利益，而且应该考虑对方的利益。

LSLP(Licensor's Share on Licensor's Profit)作价原理是在受方使用合同技术获得利润的条件下，供方才能获得技术许可使用费。如果供方的技术许可使用费等于或大于受方使用合同技术所取得的利润，受方无利可图，甚至亏本，那么这是受方所不能接受的。若供方获得的技术许可使用费小于技术转让成本、R&D 成本分摊与机会成本之和，或者小于供方自己使用技术生产、销售产品的收益，则供方不会转让此项技术。

供方的作价原则：

（1）若在该笔技术交易时技术研究与开发成本已经收回，则供方技术许可使用费（合同总价）应大于或等于转让成本和机会成本之和。

（2）若交易时成本未收回，则应在上述基础上增加技术研究与开发成本分摊。

（3）供方技术许可使用费中的机会成本应大于或等于供方自己生产和销售产品的收益。

（4）供方技术许可使用费（合同总价）最低限额应等于转让成本、研究与开发成本的分摊与机会成本之和。

（5）供方技术许可使用费（合同总价）应具有市场竞争力。

（6）供方转让技术的目的不同，作价时考虑的因素也不同，若供方转让技术不是为了增加近期收益，而是为了开辟和占领市场或是为了利用东道国的劳动力和原材料等资源，则供方作价应以实现其目的为原则。

受方的作价原则：

（1）受方支付的技术许可使用费（合同总价）要低于自己研究开发该项技术的成本。

（2）受方引进技术的利润（全部利润减去供方分成的利润）应高于银行存款利息或借款利息。

（3）受方作价时，应充分考虑如何实现引进技术的目的。

# 8．如何确定技术的价格

通过单一评估方法取得的技术商品的估值，很少能够直接成为技术交易的价格，各种评估方法各有各的适用范围与局限性，评估得出的结果与技术商品实际开发、交易、转让实施有着或大或小的差距，因而通常采用市场法、收益法、成本法或基于上述 3 种方法的综合形式来确定技术的价格。

## 1）市场法

将待评估技术与近期技术交易中类似的技术进行对照与比较，以后者的既知价格为基础加以修正，得出被评估的技术最可能实现的合理价格。

（1）考虑被评估技术商品或类似技术商品是否存在活跃的市场，搜集交易实例并选择可比实例。

（2）搜集类似技术商品交易案例的市场交易价格、交易时间及交易条件等交易信息，建立比较基础。

（3）选择具有合理比较基础的可比技术商品交易案例，考虑历史交易情况，并重点分析被评估技术商品与已交易案例在资产特性、获利能力、竞争能力、技术水平、成熟程度、风险状况等方面是否具有可比性，并搜集评估对象以往的交易信息。

（4）根据宏观经济发展、交易条件、交易时间、行业和市场因素、技术商品实施情况的变化，在可比交易案例和被评估技术商品以往交易信息的基础上,对交易情况、市场状况、成果状况进行必要调整,并计算市场价值。

### 2）收益法

通过一种适当的还原利率,将被评估的技术产生的未来效益折算为现值(折现)的评估方法。收益法不考虑技术商品开发研制成本,而集中考虑技术商品在使用过程中所能带来收益的能力。

（1）根据被评估技术商品或类似技术商品历史实施情况及未来应用前景,结合技术商品实施或者拟实施企业经营状况,重点分析技术商品经济收益的可预测性,恰当考虑收益法的适用性。

（2）合理估算技术商品带来的预期收益,合理区分科技成果与其他资产所获得的收益,分析与之有关的预期变动、收益期限,与收益有关的成本费用、配套资产、现金流量、风险因素。

（3）保持预期收益口径与折现率口径一致。

（4）根据技术商品实施过程中的风险因素及货币时间价值等因素合理估算折现率,技术商品折现率宜区别于企业或者其他资产的折现率。

（5）综合分析技术商品的剩余经济寿命、法定寿命及其他因素,合理确定收益期限。

### 3）成本法

运用现实费用标准,参照历史成本,重新研制开发一项技术所需要的成本。成本法又称"重制成本法"。

（1）根据被评估技术商品形成的全部投入,充分考虑技术商品价值与成本的相关程度,选择具体估价路径。

（2）合理确定技术商品的重置成本,技术商品的重置成本包括合理的成本、利润和相关税费。

（3）合理地确定技术商品相关的实体性、功能性及经济性贬值。

（4）计算成本价值。

综合使用上述评估方法,根据技术作价的基本原则,初步确定交易价格的上下限和调整幅度,技术价格的洽谈就能够做到有据可依。

## 9. 国际技术贸易中的支付方式有哪些

国际技术贸易的支付方式主要有总付、提成支付、入门费加提成费等几种方式。

（1）总付：指在签约时当事人双方商定并在合同中规定合同总价。总价包括技术转让成本、技术研究与开发成本分摊、机会成本、技术资料费，以及有形商品价格、商标许可使用费等。这种支付方法虽然价格明确，但由于利润与收益无关，使技术的买方难以得到卖方的技术帮助，从而使技术难以发挥最大的效益。同时也使卖方丧失了因利润增加而获取额外利润的机会。

（2）提成支付：指双方签定技术转让协议时，不确定技术的总价格，而是规定根据所转让的技术投产后的实际经济效益，在一定的偿付期限内按一定的比例提取技术转让费的一种方式。提成支付可按销售额、利润或产量提成。

（3）入门费加提成费：指总付和提成支付两者相结合的支付方式。它是在双方签定技术转让协议之后，技术的受让方按协议规定，先向技术的提供方支付一笔款项，即入门费；然后在转让的技术投产以后，按销售额、利润或产量提成支付。入门费加提成费支付是目前国际技术转让中使用最多的一种支付方式。

## 10. 国际技术贸易中的支付工具有哪些

在国际技术贸易中，由于资金的转移是全球性的，为采用合适的支付工具来达到加快资金周转、提高资金使用效率的目的，通常使用如下支付工具：一是货币；二是票据，票据包括汇票、本票和支票，在国际技术贸易中，主要使用的是汇票。

## 11. 国际技术贸易中的支付时间如何确定

国际技术贸易中的支付时间随支付方式的不同而不同：总付时将技术

使用费、技术资料费和技术服务费一次算清,其总金额在合同签定后一次性付清或分期付清;提成支付时在技术实施后,逐年按合同产品的产量或销售额或所得的利润提取一定比例作为技术合同的价款、报酬或使用费支付;入门费加提成支付时,当合同生效或受方收到技术资料后,先支付一笔约定的金额,然后再逐年支付提成费用。

## 12. 国际技术贸易中常见的税费有哪些

在技术引进合同项下,买方从卖方购买生产线,包括设备、与制造和销售合同产品有关的专利、专有技术、商标的使用许可、使用有关计算机软件的许可、生产线的土建和工艺设计、技术资料、技术服务和技术培训等。因此,买方在合同项下向卖方支付的合同款价也相应可细分为设备费、特许权使用费、设计费、技术资料费、技术服务费和技术咨询费。国际技术贸易中涉及的主要税种有外商企业所得税和营业税、关税、进口环节增值税、流转税等。

(1)所得税:所得税是以企业或个人的纯收入或纯利润作为征税对象的,在国际技术贸易中,征税的对象是技术使用费收入的所得税。

(2)营业税:技术引进合同的卖方根据合同在本国境内提供有关劳务而取得的技术服务费、设计费按 5% 税率计算缴纳营业税。

(3)关税和进口环节增值税:关税是各国海关根据海关税则对进出口各国边境的物品征收的税。由于技术这种产品是属于无形的商品,所以一般不会被征收关税。但是当技术贸易涉及引进技术设备、仪器时,则应对引进设备、仪器征收关税。对于技术贸易而言,引进方利用引进技术生产的产品所缴的增值税属于国内税的范畴,与技术卖方并无直接关系,因此技术贸易谈判不必对增值税的承担方做出特别的规定,但双方在计算技术许可或转让而产生的经济租金时,应考虑增值税对卖方实际收益的影响。如合同中规定按利润分成时,则应明确是税前还是税后利润。

(4)流转税:流转税是以商品流转额或非商品营业额作为征税对象的。

印花税也是流转税的一种,指对因商事、产权等行为所书立或使用的凭证征收的一种税。

## 13. 国际上通行的对技术贸易征税的做法有哪些

技术使用费所得税的征收,涉及双重管辖权,涉及国家间税收利益的分配。国际上征收所得税一般遵循如下原则:

(1) 对于收入来源地设有营业机构的纳税人,其技术使用费用所得一般并入营业利润,计征企业所得税,美国称之为公司所得税,日本则称之为法人所得税。

(2) 在收入来源地未设营业机构的纳税人,则采取"从源"控制,即在被许可方向许可方支付使用费时,由其代税收部门扣缴,称为"预提所得税"。代税收部门扣缴的被许可方称为扣缴义务人。

(3) 以预提方式扣缴使用费所得税,税率一般低于公司所得税。因为预提所得税的纳税义务人是在来源地未设营业机构的外国自然人或法人,很难按正常征税程序和税率计算应纳税所得额,只能采取按使用费全额计征。但按使用费全额计征,纳税人的税负过重,因此税率上有所降低,使纳税人的实际应纳税额与一般企业扣减费用后的应纳税额保持平衡。

## 14. 什么是国际技术贸易中的双重征税

国际双重征税是指某一或不同征税主体对某一或不同的征税对象或税源同时进行了两次或两次以上征税。主要分为税制性、法律性、经济性 3 种基本类型,国际技术贸易中的双重征税现行主要是法律性和经济性国际双重征税。

国际双重征税的原因是国家之间的税收管辖权在同一征税对象或同一税源上重复行使权力而发生的法律冲突。

法律性国际双重征税产生的原因主要包括纳税人收入的国际化以及各国所得税制的普及化、各国行使税收管辖权之间的冲突。

经济性国际双重征税的原因主要包括同一所得先征了一次公司所得税,然后又征了一次个人所得税,这种两次征所得税行为即双重征税。如果公司和股东不在同一国,就出现了国际双重征税。

## 15. 如何避免国际技术贸易中的双重征税

双重征税直接恶化了国际技术贸易的宏观环境；双重征税迫使许可方提高转让技术的报价，加重了被许可方的经济负担；双重征税导致许可方市场竞争力下降；双重征税导致被许可方利用引进技术所得利益减少；双重征税将给许可方和被许可方国家的国际收支带来消极影响。

为了解决双重征税问题，有关国家政府通过国内立法、政府间协定等寻求解决途径，具体方法如下：

（1）自然抵免（全额抵免）。在技术输出国和技术输入国的所得税完全相同的情况下，技术输出国允许该进行跨国经营的居民把已经向输入国家政府缴税的所得税全额抵免掉，不再向技术输出国缴纳所得税。

（2）申请抵免。当技术输出国所得税高于技术输入国所得税时，可以申请抵免。居民首先向本国税务部门提交申请税收抵免书，并须附上该居民在外国（技术输入国）的纳税证明。经本国税务部门核准后可办理一次性抵免（一年一次）。

（3）最高限额抵免。当技术输出国的所得税率比技术输入国的所得税率低时，向本国政府申请抵免的最高限额只能是其外国所得按本国税率计算的那一部分税款。

（4）费用扣除法。指跨国纳税人将其国外已缴纳的所得税作为已开支费用，从其总所得收入中扣除，汇回本国，按本国所得税率进行纳税。

## 16. 如何起草规范的国际技术贸易合同

国际技术贸易合同一般包括如下内容：合同首部、序文、合同主体或合同正文、合同尾部（包括合同生效、期限、续展与终止、签字等）、合同附件。

国际技术贸易合同必须以书面形式订立；国际技术贸易合同的内容应该完善、明确；应争取在平等互利的基础上签定；合同使用文字应该准确，条款之间应严格一致。

2020年5月28日，第十三届全国人大第三次会议通过的《中华人民共

和国民法典》中第三编第二十章"技术合同"包括以下内容:

第一节　一般规定

第八百四十三条　技术合同是当事人就技术开发、转让、许可、咨询或者服务订立的确立相互之间权利和义务的合同。

第八百四十四条　订立技术合同,应当有利于知识产权的保护和科学技术的进步,促进科学技术成果的研发、转化、应用和推广。

第八百四十五条　技术合同的内容一般包括项目的名称,标的的内容、范围和要求,履行的计划、地点和方式,技术信息和资料的保密,技术成果的归属和收益的分配办法,验收标准和方法,名词和术语的解释等条款。

与履行合同有关的技术背景资料、可行性论证和技术评价报告、项目任务书和计划书、技术标准、技术规范、原始设计和工艺文件,以及其他技术文档,按照当事人的约定可以作为合同的组成部分。

技术合同涉及专利的,应当注明发明创造的名称、专利申请人和专利权人、申请日期、申请号、专利号以及专利权的有效期限。

第八百四十六条　技术合同价款、报酬或者使用费的支付方式由当事人约定,可以采取一次总算、一次总付或者一次总算、分期支付,也可以采取提成支付或者提成支付附加预付入门费的方式。

约定提成支付的,可以按照产品价格、实施专利和使用技术秘密后新增的产值、利润或者产品销售额的一定比例提成,也可以按照约定的其他方式计算。提成支付的比例可以采取固定比例、逐年递增比例或者逐年递减比例。

约定提成支付的,当事人可以约定查阅有关会计账目的办法。

第八百四十七条　职务技术成果的使用权、转让权属于法人或者非法人组织的,法人或者非法人组织可以就该项职务技术成果订立技术合同。法人或者非法人组织订立技术合同转让职务技术成果时,职务技术成果的完成人享有以同等条件优先受让的权利。

职务技术成果是执行法人或者非法人组织的工作任务,或者主要是利用法人或者非法人组织的物质技术条件所完成的技术成果。

第八百四十八条　非职务技术成果的使用权、转让权属于完成技术成果的个人,完成技术成果的个人可以就该项非职务技术成果订立技术合同。

第八百四十九条 完成技术成果的个人享有在有关技术成果文件上写明自己是技术成果完成者的权利和取得荣誉证书、奖励的权利。

第八百五十条 非法垄断技术或者侵害他人技术成果的技术合同无效。

第二节　技术开发合同

第八百五十一条 技术开发合同是当事人之间就新技术、新产品、新工艺、新品种或者新材料及其系统的研究开发所订立的合同。

技术开发合同包括委托开发合同和合作开发合同。

技术开发合同应当采用书面形式。

当事人之间就具有实用价值的科技成果实施转化订立的合同,参照适用技术开发合同的有关规定。

第八百五十二条 委托开发合同的委托人应当按照约定支付研究开发经费和报酬,提供技术资料,提出研究开发要求,完成协作事项,接受研究开发成果。

第八百五十三条 委托开发合同的研究开发人应当按照约定制定和实施研究开发计划,合理使用研究开发经费,按期完成研究开发工作,交付研究开发成果,提供有关的技术资料和必要的技术指导,帮助委托人掌握研究开发成果。

第八百五十四条 委托开发合同的当事人违反约定造成研究开发工作停滞、延误或者失败的,应当承担违约责任。

第八百五十五条 合作开发合同的当事人应当按照约定进行投资,包括以技术进行投资,分工参与研究开发工作,协作配合研究开发工作。

第八百五十六条 合作开发合同的当事人违反约定造成研究开发工作停滞、延误或者失败的,应当承担违约责任。

第八百五十七条 作为技术开发合同标的的技术已经由他人公开,致使技术开发合同的履行没有意义的,当事人可以解除合同。

第八百五十八条 技术开发合同履行过程中,因出现无法克服的技术困难,致使研究开发失败或者部分失败的,该风险由当事人约定;没有约定或者约定不明确,依据本法第五百一十条的规定仍不能确定的,风险由当事人合理分担。

当事人一方发现前款规定的可能致使研究开发失败或者部分失败的情形时,应当及时通知另一方并采取适当措施减少损失;没有及时通知并采取适当措施,致使损失扩大的,应当就扩大的损失承担责任。

第八百五十九条 委托开发完成的发明创造,除法律另有规定或者当事人另有约定外,申请专利的权利属于研究开发人。研究开发人取得专利权的,委托人可以依法实施该专利。

研究开发人转让专利申请权的,委托人享有以同等条件优先受让的权利。

第八百六十条 合作开发完成的发明创造,申请专利的权利属于合作开发的当事人共有;当事人一方转让其共有的专利申请权的,其他各方享有以同等条件优先受让的权利。但是,当事人另有约定的除外。

合作开发的当事人一方声明放弃其共有的专利申请权的,除当事人另有约定外,可以由另一方单独申请或者由其他各方共同申请。申请人取得专利权的,放弃专利申请权的一方可以免费实施该专利。

合作开发的当事人一方不同意申请专利的,另一方或者其他各方不得申请专利。

第八百六十一条 委托开发或者合作开发完成的技术秘密成果的使用权、转让权以及收益的分配办法,由当事人约定;没有约定或者约定不明确,依据本法第五百一十条的规定仍不能确定的,在没有相同技术方案被授予专利权前,当事人均有使用和转让的权利。但是,委托开发的研究开发人不得在向委托人交付研究开发成果之前,将研究开发成果转让给第三人。

第三节 技术转让合同和技术许可合同

第八百六十二条 技术转让合同是合法拥有技术的权利人,将现有特定的专利、专利申请、技术秘密的相关权利让与他人所订立的合同。

技术许可合同是合法拥有技术的权利人,将现有特定的专利、技术秘密的相关权利许可他人实施、使用所订立的合同。

技术转让合同和技术许可合同中关于提供实施技术的专用设备、原材料或者提供有关的技术咨询、技术服务的约定,属于合同的组成部分。

第八百六十三条　技术转让合同包括专利权转让、专利申请权转让、技术秘密转让等合同。

技术许可合同包括专利实施许可、技术秘密使用许可等合同。

技术转让合同和技术许可合同应当采用书面形式。

第八百六十四条　技术转让合同和技术许可合同可以约定实施专利或者使用技术秘密的范围，但是不得限制技术竞争和技术发展。

第八百六十五条　专利实施许可合同仅在该专利权的存续期限内有效。专利权有效期限届满或者专利权被宣告无效的，专利权人不得就该专利与他人订立专利实施许可合同。

第八百六十六条　专利实施许可合同的许可人应当按照约定许可被许可人实施专利，交付实施专利有关的技术资料，提供必要的技术指导。

第八百六十七条　专利实施许可合同的被许可人应当按照约定实施专利，不得许可约定以外的第三人实施该专利，并按照约定支付使用费。

第八百六十八条　技术秘密转让合同的让与人和技术秘密使用许可合同的许可人应当按照约定提供技术资料，进行技术指导，保证技术的实用性、可靠性，承担保密义务。

前款规定的保密义务，不限制许可人申请专利，但是当事人另有约定的除外。

第八百六十九条　技术秘密转让合同的受让人和技术秘密使用许可合同的被许可人应当按照约定使用技术，支付转让费、使用费，承担保密义务。

第八百七十条　技术转让合同的让与人和技术许可合同的许可人应当保证自己是所提供的技术的合法拥有者，并保证所提供的技术完整、无误、有效，能够达到约定的目标。

第八百七十一条　技术转让合同的受让人和技术许可合同的被许可人应当按照约定的范围和期限，对让与人、许可人提供的技术中尚未公开的秘密部分，承担保密义务。

第八百七十二条　许可人未按照约定许可技术的，应当返还部分或者全部使用费，并应当承担违约责任；实施专利或者使用技术秘密超越约定的范围的，违反约定擅自许可第三人实施该项专利或者使用该项技术秘密的，应当停止违约行为,承担违约责任;违反约定的保密义务的,应当承担违约责任。

让与人承担违约责任,参照适用前款规定。

第八百七十三条 被许可人未按照约定支付使用费的,应当补交使用费并按照约定支付违约金;不补交使用费或者支付违约金的,应当停止实施专利或者使用技术秘密,交还技术资料,承担违约责任;实施专利或者使用技术秘密超越约定的范围的,未经许可人同意擅自许可第三人实施该专利或者使用该技术秘密的,应当停止违约行为,承担违约责任;违反约定的保密义务的,应当承担违约责任。

受让人承担违约责任,参照适用前款规定。

第八百七十四条 受让人或者被许可人按照约定实施专利、使用技术秘密侵害他人合法权益的,由让与人或者许可人承担责任,但是当事人另有约定的除外。

第八百七十五条 当事人可以按照互利的原则,在合同中约定实施专利、使用技术秘密后续改进的技术成果的分享办法;没有约定或者约定不明确,依据本法第五百一十条的规定仍不能确定的,一方后续改进的技术成果,其他各方无权分享。

第八百七十六条 集成电路布图设计专有权、植物新品种权、计算机软件著作权等其他知识产权的转让和许可,参照适用本节的有关规定。

第八百七十七条 法律、行政法规对技术进出口合同或者专利、专利申请合同另有规定的,依照其规定。

第四节 技术咨询合同和技术服务合同

第八百七十八条 技术咨询合同是当事人一方以技术知识为对方就特定技术项目提供可行性论证、技术预测、专题技术调查、分析评价报告等所订立的合同。

技术服务合同是当事人一方以技术知识为对方解决特定技术问题所订立的合同,不包括承揽合同和建设工程合同。

第八百七十九条 技术咨询合同的委托人应当按照约定阐明咨询的问题,提供技术背景材料及有关技术资料,接受受托人的工作成果,支付报酬。

第八百八十条 技术咨询合同的受托人应当按照约定的期限完成咨询报告或者解答问题,提出的咨询报告应当达到约定的要求。

第八百八十一条 技术咨询合同的委托人未按照约定提供必要的资料,影响工作进度和质量,不接受或者逾期接受工作成果的,支付的报酬不得追回,未支付的报酬应当支付。

技术咨询合同的受托人未按期提出咨询报告或者提出的咨询报告不符合约定的,应当承担减收或者免收报酬等违约责任。

技术咨询合同的委托人按照受托人符合约定要求的咨询报告和意见作出决策所造成的损失,由委托人承担,但是当事人另有约定的除外。

第八百八十二条 技术服务合同的委托人应当按照约定提供工作条件,完成配合事项,接受工作成果并支付报酬。

第八百八十三条 技术服务合同的受托人应当按照约定完成服务项目,解决技术问题,保证工作质量,并传授解决技术问题的知识。

第八百八十四条 技术服务合同的委托人不履行合同义务或者履行合同义务不符合约定,影响工作进度和质量,不接受或者逾期接受工作成果的,支付的报酬不得追回,未支付的报酬应当支付。

技术服务合同的受托人未按照约定完成服务工作的,应当承担免收报酬等违约责任。

第八百八十五条 技术咨询合同、技术服务合同履行过程中,受托人利用委托人提供的技术资料和工作条件完成的新的技术成果,属于受托人。委托人利用受托人的工作成果完成的新的技术成果,属于委托人。当事人另有约定的,按照其约定。

第八百八十六条 技术咨询合同和技术服务合同对受托人正常开展工作所需费用的负担没有约定或者约定不明确的,由受托人负担。

第八百八十七条 法律、行政法规对技术中介合同、技术培训合同另有规定的,依照其规定。

## 17. 专利实施许可合同指什么

专利实施许可合同(Patent Licensing Agreement)是指专利权人、专利申请人或者其他权利人作为让与人,许可受让人在约定的范围内实施专利,受让人支付约定使用费所订立的合同。在专利实施许可合同中,提供专利技术的一方称为许可方(Licensor),又称为让与人;接受许可的一方称为被许可方(Licensee),又称为受让人。

## 18. 专利贸易合同与专利实施许可合同的区别是什么

专利贸易主要包括专利权和专利申请权的转让:专利权的转让是专利权人在规定的时间和地域范围内将专利发明的所有权转让他人;专利申请权的转让是将专利申请享有的权利转让他人。

专利许可是指专利权人许可他人在规定的时间和地域范围内实施自己的专利发明,即转让专利的使用权。

专利权和专利申请权的转让虽然和专利许可不同,但实际中有一定的联系,如专利权人或专利申请人先签定了专利许可合同,然后转让了专利权或专利申请权,除非许可合同另有规定,否则将由专利权或专利申请权的受让人承担许可合同所规定的权利和义务。

## 19. 专利实施许可的种类可以分为几类

按照专利使用权和许可范围,专利实施许可合同可以分为以下 6 种类型:

(1) 普通许可合同。

普通许可合同指许可方授权被许可方在合同约定的期限、地区、技术领域内实施该专利技术的同时,许可方保留自己实施该专利技术的权利,并可以继续许可被许可方以外的任何单位或个人实施该专利技术的许可合同。

(2) 独占许可合同。

独占许可合同指许可方授权被许可方在合同约定的期限、地区、技术领域内实施该专利技术,许可方不得再许可任何被许可方以外的单位或个人实施该专利技术,同时许可方自己也不得实施该专利的许可合同。

(3) 独家许可合同。

独家许可合同建立在普通许可合同定义的基础上,但许可方不得再许可被许可方以外的任何单位或个人实施该专利技术的许可合同。

（4）分售许可合同。

分售许可合同指原专利许可合同的被许可方经许可方事先同意，将同样的许可内容全部或部分再转授予第三方的许可合同。这里的"原专利许可合同"通常属独占许可合同或独家许可合同，被许可方再次转售的许可合同相对于原许可合同来说就是分许可合同。被许可方必须在原许可合同已有明确规定或订立新的补充规定的情况下才有权签定分许可合同，专利权人有权从分许可合同中收取部分费用。

（5）交叉许可合同。

交叉许可合同也称互惠许可，指两个或两个以上的专利权人相互向对方授予各自专利使用权的许可合同。这种许可合同通常在两种情况下签定：一是改进发明的专利权人和原专利权人之间。改进发明的专利权人使用其专利时需要利用原专利，而原专利权人要发展其技术也需要使用此改进专利；二是双方各自拥有价值相当的专利，并互有使用对方专利的客观需要。

（6）强制许可合同。

国家知识产权局可以颁发强制许可合同，但被许可方仍要支付一定的使用费与专利权人签定强制许可合同，这种许可合同不属于专利许可证贸易。

## 20. 如何防范国际技术贸易中的法律风险

首先，在作为技术贸易当事方时，应当遵守我国《对外贸易法》《技术进出口合同登记管理办法》《对外贸易经营者备案登记办法》《禁止出口限制出口技术管理办法》《中国禁止出口限制出口技术目录》《国家秘密技术出口审查规定》等有关法律法规，履行技术进出口的法律程序。

其次，保证技术的完整、有效，不侵犯第三方的合法权利是技术让与方的基本合同义务，应该做好事前的排查工作。根据《联合国国际货物销售合同公约》的规定，在出口包含技术的货物时，应当做好事前的调查工作，预防可能发生的侵权和诉讼风险而引发出口的失败。

最后,在技术转让或许可合同中应避免出现出让方凭借自己的技术优势地位而施加于受让方的、对受让方造成不合理限制的、被法律所禁止或限制的合同条款。《与贸易有关的知识产权协议》(TRIPs)中对限制竞争行为的控制进行了详细阐述,我国法律中的相关规定则集中体现在《技术进出口管理条例》中,二者均可在实际进行国际技术贸易时用以参考,或要求对方出具其母国相关法律规定的说明。

## 21. 出现国际技术贸易争端如何解决

《中华人民共和国合同法》第一百二十八条规定:"当事人可以通过和解或者调解解决合同争议。当事人不愿和解、调解或者和解、调解不成的,可以根据仲裁协议向仲裁机构申请仲裁。涉外合同的当事人可以根据仲裁协议向中国仲裁机构或者其他仲裁机构申请仲裁。当事人没有订立仲裁协议或者仲裁协议无效的,可以向人民法院起诉。当事人应当履行发生法律效力的判决、仲裁判决、调解书;拒不履行的,对方可以请求人民法院执行。"

协商解决:协商是指合同当事人在发生纠纷以后,由双方当事人直接进行接触,通过友好协商,相互做出一定让步,在彼此认为可以接受的基础上,达成一致意见形成和解协议,从而解决双方争端的一种做法。

调解解决:合同双方发生争议而又无法协商解决,则可把争议案交给第三方,由其提出解决办法,进行调解。

仲裁解决:在国际技术贸易中,仲裁是指合同当事人双方达成协议,在双方发生争议时,如果通过调解不能解决,愿将有关争议提交双方所同意的第三方进行裁决,裁决的结果对双方都有约束力,双方都必须遵照执行。

诉讼解决:国际民事诉讼是指一国法院在当事人及其他诉讼参与人的参加下,以国家法律为依据,按照法律程序,审理涉外民事案件的全部纠纷。

# 第8章

# 国际技术贸易遵循的国际规则

国际技术贸易受到《与贸易有关的知识产权协议》《保护知识产权巴黎公约》约定的国际技术贸易规则,联合国、世界银行、世界贸易组织、世界知识产权组织制定的国际技术贸易政策等国际规则的制约。

## 1.《与贸易有关的知识产权协议》(Agreement on Trade-related Aspects of Intellectual Property Rights,TRIPs)有哪些主要内容

《与贸易有关的知识产权协议》是除世界知识产权组织管理的知识产权国际条约之外,最重要的一部知识产权保护国际公约,与《货币贸易多边协议》《服务贸易总协定》共同构成 WTO 法律框架的三大支柱。该协议具有 3 个突出特点:

(1) 该协议是第一个涵盖了绝大多数知识产权类型的多边条约,既包括实体性规定,也包括程序性规定。这些规定构成了世界贸易组织成员必须达到的最低标准,除了在个别问题上允许最不发达国家延缓施行之外,所有成员均不得有任何保留。这样,该协议就全方位地提高了全世界知识产权保护的水准。

(2) 该协议是第一个对知识产权执法标准及执法程序作出规范的条约,对侵犯知识产权行为的民事责任、刑事责任以及保护知识产权的边境措施、

临时措施等都作了明确规定。

（3）该协议引入了世界贸易组织的争端解决机制，用于解决各成员之间产生的知识产权纠纷。过去的知识产权国际条约对参加国在立法或执法上违反条约并无相应的制裁条款，TRIPs 协议则将违反协议规定直接与单边及多边经济制裁挂钩。

## 2.《保护工业产权巴黎公约》(Paris Convention for the Protection of Industrial Property)有哪些主要内容

《保护工业产权巴黎公约》简称《巴黎公约》，于 1883 年 3 月 20 日在巴黎签定，于 1884 年 7 月 7 日生效。巴黎公约的调整对象即保护范围是工业产权，包括发明专利权、实用新型、工业品外观设计、商标权、服务标记、厂商名称、产地标记或原产地名称以及制止不正当竞争等。《巴黎公约》的基本目的是保证一成员国的工业产权在所有其他成员国都得到保护。

该公约最初的成员国为 11 个，截止到 2017 年 5 月 14 日，随着阿富汗的正式加入，该公约缔约方总数已经达到 177 个国家。1985 年 3 月 19 日，中国成为该公约成员国，中国政府在加入书中声明：中华人民共和国不受公约第 28 条第 1 款的约束。在我国加入该公约前后，我国还先后制定了与之相配套的诸如商标法、专利法、反不正当竞争法、消费者权益保护法、广告法等法律。

## 3.《专利合作条约》(Patent Cooperation Treaty，PCT)有哪些主要内容

《专利合作条约》是专利领域的一项国际合作条约。自采用《巴黎公约》以来，它被认为是该领域进行国际合作最具有意义的进步标志。它主要涉及专利申请的提交、检索、审查，以及其中包括的技术信息的传播的合作性和合理性。PCT 不对"国际专利授权"：授予专利的任务和责任仍然只能由寻求专利保护的各个国家的专利局或行使其职权的机构掌握。PCT 并非与《巴黎公约》竞争，事实上是其补充，是在《巴黎公约》下只对《巴黎公约》成员国开放的一个特殊协议。

## 4.《专利法条约》(Patent Law Treaty，PLT)有哪些主要内容

《专利法条约》于 2000 年 6 月在日内瓦召开的外交会议上通过，同时通过的还有《专利法条约实施细则》以及《外交会议的议定声明》。参加这次会议的有 130 多个国家、4 个政府间国际组织及 20 多个非政府间国际组织。根据《专利法条约》规定，该条约应在 10 个国家向总干事交存了批准书或加入书后 3 个月生效。2005 年 1 月 28 日，罗马尼亚成为第 10 个向 WIPO 递交加入《专利法条约》文书的国家，《专利法条约》于 2005 年 4 月 28 日生效。

《专利法条约》旨在协调国家专利局和地区专利局的形式要件并简化取得和维持专利的程序。其主要内容有：

（1）取得申请日的要件和避免申请人因未满足形式要求而失去申请日的有关程序。

（2）适用于国家和地区专利局的一套单一的国际标准化形式要求，该要求与专利合作条约的形式要求一致。

（3）各局均应接受的标准申请表格。

（4）简化的审批程序。

（5）避免申请人因未遵守期限而非故意丧失权利的机制。

（6）适用电子申请的基本规则。

同时，还规定了缔约方专利局可以适用的最高要求，除了申请日条件是例外外，缔约方专利局对本条约规定的事务，不得增加任何形式的条件。因此，缔约方有自由从申请人和权利人的角度提出对他们更有利的要求。

## 5.《国际专利分类斯特拉斯堡协定》(International Patent Classification Agreement/Strasbourg Agreement，IPCA/SA)有哪些主要内容

《国际专利分类斯特拉斯堡协定》简称《斯特拉斯堡协定》，是《巴黎公约》成员国间缔结的有关建立专利国际分类的专门协定之一。1971 年 3 月 24 日，该协定在法国斯特拉斯堡签定。其主要内容包括：专门联盟的建立；

国际分类法的采用；分类法的定义、语言、使用；专家委员会；专门联盟的大会；国际局；财务；修订；缔约国；生效；有效期；退出；签字、语言、通知、保存职责；过渡条款。

## 6. 《商标国际注册马德里协定》（Madrid Agreement Concerning the International Registration of Marks）有哪些主要内容

《商标国际注册马德里协定》（简称《马德里协定》）签定于 1891 年。是用于规定、规范商标国际注册的国际条约。马德里体系中的成员国和组织，目前已超过 100 个。

马德里商标国际注册，即根据《商标国际注册马德里协定》或《商标国际注册马德里协定有关议定书》（简称《马德里议定书》）的规定，在马德里联盟成员国间所进行的商标注册。通常所说的商标国际注册，指的就是马德里商标国际注册。"马德里联盟"是指由马德里协定和马德里议定书所适用的国家或政府间组织所组成的商标国际注册特别联盟。

《马德里协定》保护的对象包括商标与服务商标，其宗旨是解决商标的国际注册问题。按照这个协定的规定，凡申请国家注册的申请人必须是《马德里协定》成员的国民和在成员中有住所或有实际营业所的非成员国民；并且包括如下主要内容：

（1）申请国际注册的程序。

（2）国际注册的效力。

（3）其他规定，如国际注册与国内注册的关系等。

1989 年 10 月 4 日，中国正式加入《马德里协定》。

## 7. 《商标注册用商品与服务国际分类尼斯协定》（Nice Agreement Concerning the International Classification of Goods and Services for the Purpose of the Registration of Marks）有哪些主要内容

《商标注册用商品与服务国际分类尼斯协定》（简称《尼斯协定》）于 1957 年 6 月 15 日在法国尼斯签定，于 1961 年 4 月 8 日生效。我国于 1988 年 11

月开始使用国际商标注册用商品分类法,在 1993 年 7 月 1 日实施商标法修改案后,也开始使用国际服务分类法。1994 年 8 月 9 日,我国加入该协定。《尼斯协定》主要规定的是商品与服务分类法,它将商品分为 34 个大类,服务项目分为 11 个大类,该分类为商标检索、商标管理提供了很大的方便。

## 8.《建立商标图形要素国际分类维也纳协定》(Vienna Agreement Establishing an International Classification of the Figurative Elements of Marks)有哪些主要内容

《建立商标图形要素国际分类维也纳协定》(简称《维也纳协定》)是建立商标图形要素国际分类的协议。1973 年 6 月 12 日,该协定在维也纳外交会议上通过,于 1985 年 8 月 9 日生效。

《维也纳协定》共 17 条,其主要内容包括:特别同盟的建立;国际分类的采用;图形要素分类的定义与存档;使用的语言;使用;专家委员会;修改和增补的通知、生效和公布与其他决议;特别同盟的大会;国际局;财务;协定的修订;修改;成员;生效;期限;退约;争议;签字、文字、保存职责、通知。该协定将商标图形要素分为 29 个大类、144 个小类和 1887 个类目,规定了由图形要素构成或带有图形要素的商标分类法。为此,缔约国家组成一个特别同盟,并且采用共同的商标图形要素国际分类。图形要素分类包括一个表,其中商标图形要素分为部、类、组,有时附有注释;并由英文和法文写成,两种文本都是正式文本。组织的国际局应在与有关的政府协商后,制定图形要素分类的其他文字的官方文本,其范围应由特别同盟的各个国家按照该协定所规定的要求对之加以限定。特别是在商标保护范围方面,图形要素分类对特别同盟的国家无约束力。特别同盟国家的主管部门有权将图形要素分类用作主要体系,也可用作辅助体系。国际局办理有关特别同盟的行政事务。特别同盟的预算包括其本身的收入和开支、对本组织领导的各同盟共同开支的预算的摊款,以及在适当时用作本组织会议预算的款项。

截至 2004 年 12 月 31 日,参加《维也纳协定》的缔约方总数为 20 个国家。

## 9. 《工业品外观设计国际保存海牙协定》(The Hague Agreement Concerning the International Deposit of Industrial Designs)有哪些主要内容

《工业品外观设计国际保存海牙协定》(简称《海牙协定》)是《巴黎公约》成员国缔结的专门协定之一。1925年11月6日,该协定在海牙缔结,于1928年生效,并成立了"海牙联盟"。该协定自签定后做过多次修订,有1925年的海牙文本、1934年的伦敦文本、1960年的海牙文本、1967年的斯德哥尔摩文本(1979年经修订补充)以及1999年的日内瓦文本。

《海牙协定》共5部分,包括:第1部分,1934年6月2日伦敦议定书(1~23条);第2部分,1960年11月28日海牙议定书(1~33条);第3部分,1961年11月18日摩纳哥附加议定书(1~8条);第4部分,1967年7月14日斯德哥尔摩补充议定书(1~12条);第5部分,1975年8月29日日内瓦议定书(1~12条)。《海牙协定》的主要内容为:具有任何一个海牙联盟成员国国籍或在该国有住所或经营场所的个人或单位都可以申请"国际保存"。申请人只要向世界知识产权组织国际局进行一次申请,就可以在想要得到保护的成员国内获得工业品设计专利保护。申请国际保存时,不需要先在一个国家的专利局得到外观设计的专利的批准,只需通过一次保存,就可以同时在几个国家取得保护。国际保存的期限为5年,期满后可以延长5年。

## 10. 《保护文学与艺术作品伯尔尼公约》(Berne Convention on the Protection of Literary and Artistic Works)有哪些主要内容

《保护文学与艺术作品伯尔尼公约》(简称《伯尔尼公约》)是在伯尔尼签定的关于保护文学艺术作品的公约,经1908年、1928年、1948年、1967年、1971年和1977年修改,由联合国世界知识产权组织(WIPO)管理,对所有国家开放。

《伯尔尼公约》全文共 44 条,其中正文有 38 条,附件有 6 条。公约对版权的保护对象、作者的权利、保护期限、对版权的限制以及对发展中国家的优惠等问题都作了详细的规定。其主要内容包括:

(1) 基本原则,如国民待遇原则、自动保护原则、版权独立原则等。

(2) 公约的保护客体,即包括文学、科学和艺术领域内的一切成果。

(3) 作者权利,如翻译权、复制权、表演权等。

(4) 版权保护期限。

## 11.《技术性贸易壁垒协议》(Agreement on Technical Barriers to Trade)有哪些主要内容

《技术性贸易壁垒协议》(简称 TBT 协议)是世界贸易组织管辖的一项多边贸易协议,是在关贸总协定东京回合同名协议的基础上修改和补充的。它由前言、15 个条款及 3 个附件组成。主要条款有:总则、技术法规和标准、符合技术法规和标准、信息和援助、机构、磋商和争端解决、最后条款。

协议对成员中央政府机构、地方政府机构、非政府机构在制定、采用和实施技术法规、标准或合格评定程序方面分别作出了规定和不同的要求。协议的宗旨是,规范各成员实施技术性贸易法规与措施的行为,指导成员制定、采用和实施合理的技术性贸易措施,鼓励采用国际标准和合格评定程序,保证包括包装、标记和标签在内的各项技术法规、标准和符合技术法规和标准的评定程序不会对国际贸易造成不必要的障碍,减少和消除贸易中的技术性贸易壁垒。

## 12. 国际知识产权保护有哪些原则

国际知识产权保护主要遵循 6 项原则,包括:

(1) 国民待遇原则。这是在保护工业产权巴黎公约中首先提出的,在TRIP 协定中再次强调,各个知识产权国际公约和成员都必须共同遵守的基本原则。该原则是指在知识产权的保护上,成员法律必须给予其他成员的国民以本国或地区国民所享有的同样待遇。如果是非成员的国民,在符合一定条件后也可享受国民待遇。如在著作权保护方面,某公民的作品只要在某成员国首先发表,就可在该成员国享受国民待遇。

（2）最惠国待遇原则。该原则最早仅适用于国际有形商品贸易,后被TRIP协定延伸到知识产权保护领域。其含义是指缔约方在知识产权保护方面给予某缔约方或非缔约方的利益、优待、特权或豁免,应立即无条件地给予其他缔约方。国民待遇原则解决的是本国人和外国人之间的平等保护问题,而最惠国待遇原则解决的是外国人彼此之间的平等保护问题,其共同点是禁止在知识产权保护方面实行歧视或差别待遇。

（3）透明度原则。透明度原则是指各成员颁布实施的知识产权保护法律、法规以及普遍适用的终审司法判决和终局行政裁决,均应以该国文字颁布或以其他方式使各成员政府及权利持有人知悉。

（4）独立保护原则。该原则是指某成员国国民就同一智力成果在其他缔约国（或地区）所获得的法律保护是互相独立的。知识产权在某成员产生、被宣告无效或终止,并不必然导致该知识产权在其他成员也产生、被宣告无效或终止。

（5）自动保护原则。这是仅适用于保护著作权的一项基本原则。其含义是作者在享有及行使该成员国国民所享有的著作权时,不需要履行任何手续,注册登记、交纳样本及做版权标记等手续均不能作为著作权产生的条件。

（6）优先权原则。优先权是保护工业产权《巴黎公约》授予缔约国国民最重要的权利之一,TRIP协定予以了肯定,解决了外国人在申请专利权、商标权方面因各种原因产生的不公平竞争问题。其含义是指,在一个缔约成员国提出发明专利、实用新型、外观设计或注册申请的申请人,又在规定期限内就同样的注册申请再向其他成员国提出同样内容的申请的,可以享有申请日期优先的权利。即可以把向某成员国第一次申请的日期,视为向其他成员国实际申请的日期。享有优先权的期限视不同的工业产权而定,发明和实用新型为向某成员国第一次申请之日起 12 个月,外观设计和商标为6 个月。

### 13. 联合国的国际技术贸易政策有哪些特点

联合国(United Nations,UN)是第二次世界大战后成立的国际组织,是一个由主权国家组成的国际组织。1945 年 10 月 24 日,在美国旧金山签定生效的《联合国宪章》标志着联合国正式成立。联合国致力于促进各国在国际法、国际安全、经济发展、社会进步、人权及实现世界和平方面的合作。

联合国总部设立在美国纽约,当前共有 193 个成员国,其中亚洲 39 个,非洲 54 个,东欧及独联体国家 28 个,西欧 23 个,拉丁美洲 33 个,北美洲、大洋洲共 16 个,包括所有得到国际承认的主权国家,此外还有 2 个观察员国(梵蒂冈和巴勒斯坦)。

联合国教科文组织(UNESCO)正式成立于 1946 年 11 月,同年 12 月成为联合国的一个专门机构,总部设在法国巴黎。其基本目标之一就是保护文学、艺术和科学作品。1952 年,在联合国教科文组织的主持下,《世界版权公约》在日内瓦通过,并由联合国教科文组织负责管理,此外,联合国教科文组织还主持或参与主持缔结了与国际技术贸易相关的如下国际公约:《罗马公约》《录音制品公约》《避免对版权使用费收入重复征税多边公约》。

联合国下设的国际技术贸易相关专业机构还包括世界银行(World Bank)、世界知识产权组织(WIPO)等。

### 14. 世界银行(**World Bank**)的国际技术贸易政策有哪些特点

世界银行是世界银行集团的简称,国际复兴开发银行的通称;也是联合国的一个专门机构。世界银行成立于 1945 年,于 1946 年 6 月开始营业,由国际复兴开发银行、国际开发协会、国际金融公司、多边投资担保机构和国际投资争端解决中心 5 个成员机构组成。

世界银行对于技术提出了衡量适用性的 4 条标准:

(1) 目的适用性,即该项技术有利于政策目标的实现。

(2) 产品实用性,即该项技术的最终产品和所能提供的劳务具有使用价值,受市场欢迎,且市场有足够的能力进行购买和消费。

（3）工艺过程适用性,生产工艺充分利用了投入要素和资源。

（4）文化和环境适用性,代表该项技术的工业过程和产品与本国的环境与文化背景是否符合。

技术援助贷款是世界银行通过国际技术贸易手段施行国际援助的政策之一,是指在项目贷款中,用于有关项目研究、咨询及人员培训等方面,或提供单纯技术援助的贷款。技术援助贷款的目的是加强借款国有关机构制定发展政策和准备具体的投资项目的能力。

与国际货币基金组织相比,世界银行主要提供长期贷款,其工作类似投资银行,向公司、个人或政府发行债券,将所得款项借予受助国。

## 15. 世界贸易组织（WTO）的国际技术贸易政策有哪些特点

世界贸易组织是具有法人地位的国际组织,在法律上与联合国等国际组织处于平等地位,职责范围包括作为论坛组织实施多边贸易协议、提供多边贸易谈判场地、定期审议其成员的贸易政策、统一处理成员间产生的贸易争端、加强同国际货币基金组织和世界银行的合作,从而实现全球经济决策的一致性。

1994 年 4 月 15 日,在摩洛哥的马拉喀什市举行的关贸总协定乌拉圭回合部长会议决定成立更具全球性的世界贸易组织,以取代 1947 年订立的关税及贸易总协定（General Agreement on Tariffs and Trade,GATT）。

关税及贸易总协定是 WTO 的前身,于 1947 年 10 月 30 日在日内瓦签定,并于 1948 年 1 月 1 日开始临时适用。作为一个政府间缔结的有关关税和贸易规则的多边国际协定,简称关贸总协定。它的宗旨是通过削减关税和其他贸易壁垒,消除国际贸易中的差别待遇,促进国际贸易自由化,以充分利用世界资源,扩大商品的生产与流通。

WTO 基本原则包括:

（1）市场准入原则,即以要求各国开放市场为目的,有计划、有步骤、分阶段地实现最大限度的贸易自由化。

（2）促进公平竞争原则。

（3）经济发展原则，即以帮助和促进发展中国家的经济迅速发展为目的。

（4）非歧视原则，主要包括最惠国待遇、国民待遇，给予一个成员的优惠应同样给予其他成员。

《与贸易有关的知识产权协议》（TRIP），是世界贸易组织管辖的一项与国际技术贸易相关的多边贸易协议。

《进口许可程序协议》（Agreement on Import Licensing Procedures）是世界贸易组织管辖的一项多边贸易协议，是在关贸总协定东京回合《进口许可程序守则》的基础上修改和完善的。协议规定了实施进口许可制度的基本原则是：制定客观公正的许可程序，及时公布必要的信息，简化申请和展期手续，不得在外汇供应上实行歧视，不得因小错而拒绝批准，允许安全例外和保密例外。协议还规定了适用于自动和非自动许可程序的具体要求，包括发放许可证的时限和透明度要求。协议的宗旨是规范各成员实施进口许可程序的行为，保证进口许可程序实施管理的简化、透明、公平与公正，减少进口许可制度程序方面的歧视性和行政管理的随意性。

## 16. 世界知识产权组织（WIPO）的国际技术贸易政策有哪些特点

世界知识产权组织正式成立于1970年，其根据于1967年7月14日签定的《成立世界知识产权组织公约》建立，是联合国组织系统下16个专门机构之一，总部设在日内瓦。它是致力于帮助确保知识产权创造者和持有人的权利在全世界范围内得到保护，从而使发明人和作家的创造力得到承认和奖赏的国与国之间政府组织。我国于1980年正式参加该组织，这也是我国参加的第一个知识产权国际组织。

世界知识产权组织的主要职能是通过国家间的合作，促进对全世界知识产权的保护，管理建立在多边条约基础上的关于专利、商标和版权方面的23个联盟的行政工作，并办理知识产权法律与行政事宜。其大部分财力用于同发展中国家进行开发合作，促进发达国家向发展中国家转让技术，推动发展中国家的发明创造和文艺创作活动，以利于其科技文化和经济的发展。

WIPO 还通过注册活动,向申请各种知识产权的人和拥有各种知识产权的人提供各种直接服务,接受和处理根据《专利合作条约》(PCT)所提出的各种国际申请,完成商标国际注册和工业品外观设计保存国际注册。在世界贸易组织(WTO)成立之前,WIPO 是唯一的在知识产权国际保护方面对各国影响较大的国际组织,它管理着 20 多个国际条约,构成了知识产权多边国际保护的主要内容。

## 17. 国际货币基金组织(IMF)的国际技术贸易政策有哪些特点

国际货币基金组织是根据于 1944 年 7 月在布雷顿森林会议签定的《国际货币基金组织协定》,于 1945 年 12 月 27 日在华盛顿成立的。国际货币基金组织与世界银行同时成立,并列为世界两大金融机构,其职责是监察货币汇率和各国贸易情况,提供技术和资金协助,确保全球金融制度运作正常。其总部设在华盛顿特区。

该组织的宗旨是通过一个常设机构来促进国际货币合作,为国际货币问题的磋商和协作提供方法;通过国际贸易的扩大和平衡发展,把促进和保持成员国的就业、生产资源的发展、实际收入的高低水平,作为经济政策的首要目标;稳定国际汇率,在成员国之间保持有秩序的汇价安排,避免竞争性的汇价贬值;协助成员国建立经常性交易的多边支付制度,消除妨碍世界贸易的外汇管制;在有适当保证的条件下,基金组织向成员国临时提供普通资金,使其有信心利用此机会纠正国际收支的失调,而不采取危害本国或国际繁荣的措施;按照以上目的,缩短成员国国际收支不平衡的时间,减轻不平衡的程度等。

与世界银行相比,国际货币基金组织主要的角色是核数师,工作是记录各国之间的贸易数字和各国间的债务,并主持制定国际货币经济政策。IMF 成立的目的是要稳定各国的货币,以及监察外汇市场。由于 IMF 不是银行,它不具放款职责。然而,国际货币基金组织有储备金,供国家借用,以在短时间内稳定货币;做法类似在往来户口中进行透支操作。所借款项必须于 5 年内还清。

## 18. 国际标准化组织的国际技术贸易政策有哪些特点

国际标准化组织(International Organization for Standardization,ISO)是世界上最大的非政府性标准化专门机构,于1946年成立于瑞士日内瓦,在国际标准化中占主导地位。到目前为止,ISO有正式成员国120多个,我国是其中之一。ISO的主要活动是制定国际标准,协调世界范围内的标准化工作,组织各成员国和技术委员会进行情报交流,以及与其他国际性组织进行合作,共同研究有关标准化问题。ISO负责制定在世界范围内通用的国际标准,以利于国际物资交流和互助,并扩大在知识、科学、技术和经济方面的合作,推进国际贸易和科学技术的发展,加强国与国之间的经济合作。

ISO的组织机构包括全体大会、主要官员、成员团体、通信成员、捐助成员、政策发展委员会、理事会、ISO中央秘书处、特别咨询组、技术管理局、标样委员会、技术咨询组、技术委员会等。ISO制定的标准推荐给世界各国采用,而非强制性标准。但是由于ISO颁布的标准在世界上具有很强的权威性、指导性和通用性,对世界标准化进程起着十分重要的作用,所以各国都非常重视ISO标准。

## 19. 国际电工委员会的国际技术贸易政策有哪些特点

国际电工委员会(International Electrotechnical Commission,IEC)成立于1906年。它是世界上成立最早的国际性电工标准化机构,负责有关电气工程和电子工程领域中的国际标准化工作。IEC的宗旨是,促进电气、电子工程领域中标准化及有关问题的国际合作,增进国与国之间的相互了解。近20年来,IEC的工作领域和组织规模均有了相当大的发展。IEC成员国已从1960年的35个增加到目前的88个。

目前IEC的工作领域已由单纯研究电气设备、电机的名词术语和功率等问题扩展到电子、电力、微电子及其应用,通信、视听、机器人、信息技术、新型医疗器械和核仪表等电工技术的各个方面。当前IEC标准已被公认为电工、电子产品国际贸易和仲裁的技术依据,从而受到全世界各国的重视。

## 20. 国际电信联盟的国际技术贸易政策有哪些特点

国际电信联盟（International Telecommunication Union，ITU）是联合国的一个专门机构，也是联合国机构中历史最长的一个国际组织，其前身为根据1865年签定的《国际电报公约》成立的国际电报联盟。1932年，70多个国家的代表在马德里开会，决定把《国际电报公约》以及于1906年由德、英、法、美和日本等27个国家在柏林签定的《国际无线电公约》合并为《国际电信公约》，并将国际电报联盟改名为国际电信联盟。1934年1月1日，新公约生效，该联盟正式成立。1947年，国际电信联盟成为联合国的一个专门机构，总部从瑞士的伯尔尼迁到日内瓦。目前，该联盟有成员193个。中国于1920年加入，于1973年被选为ITU理事国。

ITU在全球相关范畴内进行多项重要工作，包括为电信界举办世界性的活动、管理无线电频谱、开发电信技术的全球标准，以及设定现时和日后通信网络的模式。ITU还举办多项活动协助新兴市场发展信息通信技术，包括为新开放市场的规管机构提供培训，以及在乡郊、偏远或设施不足的地区建立多用途社区电信中心等。此外，ITU也进行研究和分析，为业界提供政策建议，以确定电信发展的新趋势及其对政府和业界的影响。ITU所开展的工作，旨在帮助人们在世界范围内部署基础设施、实现互联互通并提供有效的电信服务，ITU在国际电信网络创建过程中发挥了至关重要的作用。

# 第9章

# 主要国家的国际技术贸易政策

为选择重点国际技术合作目标国家,需要了解美国、欧盟各国、俄罗斯、日本等主要创新国家和关键国家的科技创新与技术贸易情况,同时需要了解国际贸易中技术进出口的限制情况。

## 1. 如何在世界范围内选择重点国际技术合作目标国家

由于"创新"涵盖内容广泛,目前对创新型国家及地区的定义、划分,还没有全球统一认可的唯一标准,因此以当今世界重要的国际对话机制、国际合作组织成员经济体为研究对象,通过利用认可度较高的创新能力衡量工具,筛选出若干在科技创新领域有优势的创新国家和关键国家作为未来合作的主要目标。

全球创新指数(Global Innovation Index,GII)是世界知识产权组织(WIPO)、康奈尔大学、欧洲工商管理学院于 2007 年共同创立的年度排名,作为一个详细的量化工具,根据 80 项指标衡量全球 126 个经济体在创新能力上的表现,有助于更好地理解如何激励创新活动,以此推动经济增长和人类发展,是供全球创新政策制定者、决策者参考的主要基准工具。

二十国集团(G20)倡议于 1999 年成立,由阿根廷、澳大利亚、巴西、加拿大、中国、法国、德国、印度、印度尼西亚、意大利、日本、韩国、墨西哥、俄罗斯、沙特阿拉伯、南非、土耳其、英国、美国以及欧盟 20 方组成。G20 成员经济体和全球前 20 大经济体基本重合，拥有全球近 70% 的人口，国内生产总值约占全球的 90%，贸易额约占全球的 80%，是发达经济体与新兴市场经济体进行国际对话与合作的重要平台，在全球经济发展中发挥着举足轻重的作用，从而成为全方位开展创新合作的主要载体。

根据《2020 年全球创新指数》[GII 2020，2020 年 9 月 2 日，世界知识产权组织（WIPO）发布]数据，对 G20 经济体（除欧盟外）创新能力排名见下表。

| 序　号 | G20 经济体（除欧盟外）名称 | GII 2020 排名 |
|:---:|:---:|:---:|
| 1 | 美国 | 3 |
| 2 | 英国 | 4 |
| 3 | 德国 | 9 |
| 4 | 韩国 | 10 |
| 5 | 法国 | 12 |
| 6 | 中国 | 14 |
| 7 | 日本 | 16 |
| 8 | 加拿大 | 17 |
| 9 | 澳大利亚 | 23 |
| 10 | 意大利 | 28 |
| 11 | 俄罗斯 | 47 |
| 12 | 印度 | 48 |
| 13 | 土耳其 | 51 |
| 14 | 墨西哥 | 55 |
| 15 | 南非 | 60 |
| 16 | 巴西 | 62 |
| 17 | 沙特阿拉伯 | 66 |
| 18 | 阿根廷 | 80 |
| 19 | 印度尼西亚 | 85 |

近年来，由于金砖国家凝聚力日益加强，务实合作不断深入，影响力持续上升，成为国际事务中一支越来越重要的力量，有必要将 GII 2020 排名在 50 以外，但属于金砖国家的南非、巴西两国纳入其中考虑，形成以下"**全方位创新合作推荐国别名单**"（见下表），作为大国之间开展国际技术贸易合作的重点目标对象。

| 序　　号 | 经济体名称 |
|---|---|
| 1 | 美国 |
| 2 | 英国 |
| 3 | 德国 |
| 4 | 韩国 |
| 5 | 法国 |
| 6 | 日本 |
| 7 | 加拿大 |
| 8 | 澳大利亚 |
| 9 | 意大利 |
| 10 | 俄罗斯 |
| 11 | 印度 |
| 12 | 南非 |
| 13 | 巴西 |

在以上大国创新合作推荐名单之外,为同时遴选一批重点国别,开展更加有针对性的国际技术贸易合作,可以将代表较高经济技术发展水平的经济合作与发展组织(OECD)成员国家作为参考目标群体,同样以 GII 2020 指数排名为参考遴选推荐。

经济合作与发展组织(OECD)成立于 1961 年,旨在共同应对全球化带来的经济、社会和政府治理等方面的挑战,并把握全球化带来的机遇,是当今世界发挥重要作用的国际经济合作组织。OECD 目前成员国总数为 38 个,分别为(按加入顺序)美国、英国、法国、德国、意大利、加拿大、爱尔兰、荷兰、比利时、卢森堡、奥地利、瑞士、挪威、冰岛、丹麦、瑞典、西班牙、葡萄牙、希腊、土耳其、日本、芬兰、澳大利亚、新西兰、墨西哥、捷克、匈牙利、波兰、韩国、斯洛伐克、智利、斯洛文尼亚、爱沙尼亚、以色列、拉脱维亚、立陶宛、哥伦比亚、哥斯达黎加。

以下从 OECD 成员国之中,除前述"全方位创新合作推荐国别名单"之外,其余的 27 个经济体在 GII 2020 的排名情况见下表。

| 序　　号 | OECD 经济体名称 | GII 2020 排名 |
|---|---|---|
| 1 | 瑞士 | 1 |
| 2 | 瑞典 | 2 |

续表

| 序　号 | OECD 经济体名称 | GII 2020 排名 |
|---|---|---|
| 3 | 荷兰 | 5 |
| 4 | 丹麦 | 6 |
| 5 | 芬兰 | 7 |
| 6 | 以色列 | 13 |
| 7 | 爱尔兰 | 15 |
| 8 | 卢森堡 | 18 |
| 9 | 奥地利 | 19 |
| 10 | 挪威 | 20 |
| 11 | 冰岛 | 21 |
| 12 | 比利时 | 22 |
| 13 | 捷克 | 24 |
| 14 | 爱沙尼亚 | 25 |
| 15 | 新西兰 | 26 |
| 16 | 西班牙 | 30 |
| 17 | 葡萄牙 | 31 |
| 18 | 斯洛文尼亚 | 32 |
| 19 | 匈牙利 | 35 |
| 20 | 拉脱维亚 | 36 |
| 21 | 波兰 | 38 |
| 22 | 斯洛伐克 | 39 |
| 23 | 立陶宛 | 40 |
| 24 | 希腊 | 43 |
| 25 | 智利 | 54 |
| 26 | 哥斯达黎加 | 56 |
| 27 | 哥伦比亚 | 68 |

　　为参考"全方位创新合作推荐国别名单"推荐数量,作为开展国际技术贸易合作的"针对性创新合作推荐国别名单",在 OECD 成员国 GII 2020 排名之中选取前 17 位,并鉴于卢森堡、冰岛、爱沙尼亚经济体人口体量有限,以及考虑不在 G20 或 OECD 成员之列的新加坡在 GII 2020 占据全球第八位的领先排名,做相应增减调整之后,选择 15 个创新国家进入"针对性创新合作推荐国别名单"(见下表)。

| 序　号 | 经济体名称 |
|---|---|
| 1 | 瑞士 |
| 2 | 瑞典 |

续表

| 序　　号 | 经济体名称 |
| --- | --- |
| 3 | 荷兰 |
| 4 | 丹麦 |
| 5 | 芬兰 |
| 6 | 新加坡 |
| 7 | 以色列 |
| 8 | 爱尔兰 |
| 9 | 奥地利 |
| 10 | 挪威 |
| 11 | 比利时 |
| 12 | 捷克 |
| 13 | 新西兰 |
| 14 | 西班牙 |
| 15 | 葡萄牙 |

对于上述13个"**全方位创新合作推荐国别名单**"和15个"**针对性创新合作推荐国别名单**"涉及国别科技创新以及对华合作等相关情况,详见附录B。

## 2. 国际技术贸易政策的内涵是什么

所谓国际技术贸易政策,是指一定时期内一个国家或地区为了实现特定的经济增长、国际贸易和科技发展等目标而制定并实施的一系列方针、措施和原则的总和,它反映出一国在一定时期内对国际技术贸易的鼓励、限制和禁止的政策内容。

各国技术贸易政策随其政治、经济、文化、科技发展水平不同而各异,即使同一国家,在不同的历史时期和发展阶段,由于其宏观环境和国家实力的变化,国际技术贸易政策也会有所改变。总体来看,国际技术贸易政策的基本内容为:确定国际技术贸易在国家经济和社会发展中的地位和作用;确定与本国国情相符的国际技术贸易政策;确定具体的国际技术贸易政策措施。

## 3. 什么是技术出口管制

技术出口管制是指一国政府通过建立一系列审查、限制和控制机制,以直接或间接的方式防止本国限定的技术通过各种途径流通或扩散至目标国家,从而实现本国的安全、外交和经济利益的行为。

出口管制的形式主要有多边出口管制和单边出口管制两种。多边出口管制是指几个国家政府,通过一定的方式建立国际性的多边出口管制机构,商讨和编制多边出口管制货单和出口管制国别,规定出口管制的办法等,以协调彼此的出口管制政策和措施,达到共同的政治和经济目的;单边出口管制是指一国根据本国出口管制法案,设立专门机构对本国某些商品出口进行审批和颁发出口许可证,施行出口管制。

目前多边管制体系主要包括 5 个非正式组织和 3 个重要国际条约,即瓦森纳协定组织、核供应集团、桑格委员会、澳洲集团和导弹技术管制组织,以及《核不扩散条约》《禁止生物武器公约》《禁止化学武器公约》。非正式组织以军民两用技术管制为主,国际条约则以武器管制为主。

## 4. 国际贸易中技术进出口限制涉及的内容有哪些

以美国为例,美国国会于 2018 年通过《出口管制改革法案》(Export Control Reform Act),美国商务部工业安全局(Bureau of Industry and Security,BIS)出台了一份针对关键新兴和基础技术和相关产品的出口管制框架,内容包含 AI 技术、AI 芯片、机器人、量子计算等几项正在蓬勃发展的核心前沿技术。同时设立《出口管理条例》(Export Administrative Regulation,EAR)下的实体经济清单,进一步限制清单内的实体参与涉美的国际技术贸易。

出口管制框架包含生物技术、人工智能(AI)和机器学习技术、定位导航和定时(PNT)技术、微处理器技术、先进计算技术、数据分析技术、量子信息和传感技术、物流技术、增材制造、机器人、脑-机接口、高超音速空气动力学、先进材料、先进的监控技术等。

中国在 2008 年修订《中国禁止出口限制出口技术目录》后,于 2020 年增加了软件业中的计算机通用软件编制技术、信息安全防火墙软件技术;计算机服务业中的信息处理技术、计算机应用技术;电信和其他信息传输服务业中的通信传输技术、计算机网络技术、空间数据传输技术、卫星应用技术;通信设备、计算机及其他电子设备制造业中的电子器件制造技术、半导体器件制造技术、微波技术、计算机硬件及外部设备制造技术、无线通信技术、机器人制造技术、空间材料生产技术以及专业技术服务业、水上运输业、中医医疗、农林畜等产业领域内的重要技术。

根据《中华人民共和国对外贸易法》《中华人民共和国国家安全法》等法律法规的规定,《不可靠实体清单规定》已经完成立法程序。经国务院批准,《不可靠实体清单规定》已于 2020 年 9 月 19 日公布。

## 5. 技术出口管制对我国有什么影响

美国及其盟国对华出口管制政策的演变经历了以下几个重大历史事件,管制制度安排也有所变化。1972 年,中美关系正常化,中国被美国列为"非敌国"。1983 年,里根执政期间,中国被列为"友好的非盟国"。1989 年,美国冻结对华优惠待遇。2009 年,美国进行了出口管制改革,但并未调整和简化对中国的出口管制程序。2011 年,美国商务部实施了新的出口管制方案,即《战略贸易许可例外规定》,中国仍然不属于 44 个可享受贸易便利措施国。

发达国家的出口管制政策严重影响了中国对外开展国际高技术合作。如美国认为生物技术和医药技术领域的某些技术有助于中国研制生化武器;在地球观测和导航技术领域的技术合作有助于提升中国军事实力;信息技术领域是影响美国竞争优势的关键领域;在能源技术领域的很多能源设备、技术及关键材料都会被中国军方使用;在新材料技术领域的很多材料和仪器设备涉及特殊应用背景,因此在这些高技术领域,中美两国很难开展合作。

## 6. 发达国家与发展中国家的国际技术贸易政策有何差异

发达国家凭借其先进的经济和技术实力,在国际技术贸易中一直处于优势地位,发达国家采用符合本国战略利益的国际技术贸易政策,影响国际技术转让活动和价格,以获取国际技术贸易的最大利益。

具体包括国际技术贸易鼓励政策:

(1)鼓励技术开发和技术转让;

(2)加强技术传播组织,制定相应的沟通政策;

(3)制定科技咨询政策;

(4)重视人才培养,加强技术教育等。

还包括国际技术贸易限制政策,主要是对发展中国家采取限制政策,而对发达国家限制政策较少,发达国家间的技术贸易占世界技术贸易额的80%以上。

与发达国家相反,发展中国家由于受经济发展水平和技术水平的限制,在国际技术贸易中一直处于劣势地位。发展中国家一方面通过政治倾向积极引进本国发展所需的技术;另一方面为避免国际技术贸易带来的不利影响而进行管制和限制。

具体包括国际技术贸易鼓励政策:

(1)创造良好的投资环境;

(2)对技术先进、本国急需项目给予优惠;

(3)以优惠待遇吸引外国科研人员,同时重视本国科技人才的教育和培养;

(4)在政府内部设立或由政府资助成立咨询服务机构;

(5)加强对引进技术的消化吸收等。

还包括国际技术贸易限制政策,主要对拟引进技术进行分类,分别采用不同的政策措施加以区别对待,设立技术引进管理委员会,施行技术引进审批制度,制定技术引进条件,加强技术引进项目的管理等,主要是为了引进符合自身利益的技术,最大限度地发挥技术引进的积极作用。

## 7. 如何理解英美法系中的禁诉令制度

"禁诉令"是一国法院向当事人发出的、禁止其到他国就同一事项提起诉讼的禁止令。

禁诉令最早起源于英国,最初是英国解决国内平行诉讼的手段,英国王室法院通过发布禁诉令状对教会法院的管辖权范围进行限制。实践中,禁诉令成为英美等多法域国家解决各法域之间区际管辖权冲突的一种重要手段，并被用于国际民事诉讼中。

由于禁诉令可以使当事人在本国的、便于自己诉讼的法院或者可能对自己具有同情心的法院获得此命令，从而预先阻止在其他外国法院的诉讼，因此禁诉令也成为一项解决国际平行诉讼、维护本国司法主权的具有吸引力的选择。后来，禁诉令成为美国、加拿大、澳大利亚等英美法系国家常用的一种对抗挑选法院和平行诉讼的措施，在国际民商事争议事件中常被用于干预或支持仲裁程序及仲裁裁决的执行程序。

## 8. 美国的国际技术贸易政策有哪些特点

美国《拜杜法案》是国际技术贸易的重要鼓励政策。《拜杜法案》由美国国会参议员 Birch Bayh 和 Robert Dole 提出，于 1980 年由国会通过，于 1984 年又进行了修改，后被纳入美国法典第 35 编（《专利法》）第 18 章，标题为"联邦资助所完成发明的专利权"。在《拜杜法案》制定之前，由政府资助的科研项目产生的专利权，一直由政府拥有。复杂的审批程序导致政府资助项目的专利技术很少向私人部门转移。《拜杜法案》的重点是把在国家科研基金资助下取得的科技成果、专利发明，通过立法将归属权从国有变为归高校或科研机构所有。

美国的北美大学技术转移经理人协会（AUTM）是世界最大的技术转移组织，会员包括三千多名来自北美 600 多所高校科研机构的技术转移专业人员，根据 1996—2015 年的统计，AUTM 体系覆盖了美国 70％的高校科研机构创新许可和授权，推动了 8 万件专利注册以及 38 万件创新发明披露，由此创立了 1.1 万家初创企业，创造了超过 400 万个工作岗位，为全美工业总值做出了 1.3 万亿美元的直接贡献。

美国的技术出口管制体系相对完备，历史较长。其中内容详尽的综合指南《出口管理条例》中除规定了出口管制的内容外，还明确定义了出口的范围（包括"出口""再出口""转运""视同出口"以及美国境外的某些交易），并按照扩散风险的大小及其安全关切的程度，由高到低将出口目的国分为 5 个组别，中国被列于仅优于伊朗、朝鲜等国的 D 类。

2002 年 2 月 13 日,美国外国投资委员会(CFIUS)制定的《外国投资风险审查现代化法案(FIRRMA)》最终规则正式生效,该法案旨在强化对涉及美国国家安全的外国投资的审查,分为涉及常规投资和涉及房地产交易的两个单独条例。在关键技术方面,为了适应不断变化和出现的技术,法案的正式版本没有列明关键技术的完整清单,而是根据美国商务部的出口管制技术清单来定义关键技术范围。关键技术包括美国军需品清单、商业管制清单上的某些项目以及出口管制改革法案识别和管制的新兴与基础技术等。该法案规定,交易涉及"关键技术""关键基础设施""敏感个人数据"时,交易方在交易时需提交强制性声明,并附上交易信息。澳大利亚、加拿大以及英国作为"例外国家",其投资者在美国的投资不属于管辖投资。

2018 年 3 月 22 日,时任美国总统特朗普签署总统备忘录,依据"301 调查"结果对从中国进口的商品大规模征收关税,并限制中国企业对美投资并购,掀起新一轮的中美贸易争端,并通过直接制裁、科技产品出口管制、投资限制、信息和人员交流限制等手段对华进行技术封锁。2019 年 10 月 7 日,美国商务部把包括海康威视、大华科技、科大讯飞、旷视科技、商汤科技、美亚柏科、颐信科技和依图科技等在内的 28 家中国机构和公司列入美国出口管制实体名单,限制其从美国购买零部件。

## 9. 欧盟及主要成员国的国际技术贸易政策有哪些特点

欧盟技术法规的制定机构是欧盟理事会、欧委会和欧洲议会,它们在各自的职权范围内参与欧盟技术法规的立法过程。欧洲法院则行使自己的司法职能。欧盟技术法规的主体由新方法指令和旧方法指令构成,因此欧盟合格评定制度也分为由新方法指令而来的 CE 认证制度和由旧方法指令而来的汽车、食品、化学品、药品等认证制度。其中 CE 认证是欧盟合格评定制度的主体。

在国际技术贸易方面,1989 年,欧盟理事会决议《合格评定的全球战略》陈述了通过相互认可、合作和技术援助推动成员国之间及与第三国的贸易。

欧盟成员国在欧盟法律的基础上立法进行技术出口管制,各自掌握出口决定权。目前欧盟两用物项出口管制的具体法律依据是《第 428/2009 号欧盟理事会规章》,该规章旨在促进合法贸易,使得管制机构可以集中对两用物项的出口、转运、中间商及过境进行管制,以及打击欺诈行为等。对于欧盟各个成员国而言,各成员国通过该国的不同部门来掌握是否允许两用物项出口的决定权,如在英国是商业、创新与技能部,在法国是预算部,在德国是联邦经济与出国管制局等。

## 10. 俄罗斯的国际技术贸易政策有哪些特点

俄罗斯利用联合国和其他国际组织建立适应本国政治和经济利益的国际科技和创新合作体系。依据世贸组织协议有关保护知识产权贸易的条款,以及世界知识产权组织的有关文件,充分运用保护知识产权的国际法则,在与独联体国家科技合作所确定的重点发展方向上,建立总体合作空间,积极促进与独联体国家的双边科技合作,加强与独联体各成员国的科技信息交流。

俄罗斯也积极开展与发达国家的合作,扩大与科技强国(如美国、德国、法国和英国)的合作,以加强对基础科学和应用科学新内容的补充,参与解决全球性课题。利用国外先进管理经验对俄罗斯科研体系进行改革。与工业发达国家(如欧盟各成员国)建立科技合作机制,从而达到吸引外资,实现对俄科研成果投资的目的,有助于稳定俄罗斯的基础科学研究工作,逐步提高科技在经济发展中的比重。

俄罗斯不断发展同新兴工业国家和发展中国家的科技合作,扩大同印度、中国在基础研究和应用科学领域的合作。积极发展同巴西、埃及、朝鲜、马来西亚、新加坡、泰国、菲律宾、南非等同家在应用研究方面的合作,推广应用俄罗斯的科技成果,吸收新兴工业国家的金融资本和物质资源,以俄罗斯国内科研中心为基地,积极促进在俄境内建立国际科技组织。

## 11. 日本的国际技术贸易政策有哪些特点

日本的国际技术贸易政策的突出特点是利用输入国外先进技术来代替本国的大量基础研究,着重对引进技术进行消化、吸收并成为本国的适用技术,做到充分发挥本国资源,促进本国经济的快速发展,从而进入世界经济强国行列。成功的技术引进使日本节约了约 2/3 的研究时间和 9/10 的研究经费。其国际技术贸易政策特点主要体现在以下 5 方面:

(1) 政府大力扶持引进技术;

(2) 引进技术与经济发展的阶段性密切配合;

(3) 引进前充分做好调研,引进后坚决做好技术的消化、吸收、杂交和创新工作;

(4) 积极引进软件技术;

(5) 在学习、消化引进技术的基础上,再向海外输出技术。

在技术出口管制方面,日本的出口管制制度主要跟随美国的政策,实行"全管制"(Catch All)制度。全管制制度是安全保障出口管制制度,由政府收集信息,制定受管制的外国企业名单。中国一直是日本出口管制的重要管制对象国。至 2015 年 4 月,日本经济产业省公布的全管制中国最终用户名单中包括中国空间技术研究院、中国北方工业公司、兰州生物制品研究所等航空航天、生化领域的 43 家企业。

伴随中国经济实力的增长和国际地位的快速提升,中日经贸关系的影响力不断增强,其不仅对两国经济自身的稳定和发展至关重要,而且日益成为全球经济格局中非常重要的双边关系之一,对地区乃至全球经济发展和稳定发挥着举足轻重的作用。在中日韩 FTA、"区域全面经济伙伴关系协定"(RCEP)、二十国集团(G20)、亚太经合组织(APEC)等区域和多边领域开展合作,越来越成为中日双边关系的重要内容。

2018 年 5 月,李克强总理访日期间,双方签署中日企业开展第三方市场合作的备忘录,对加强第三方市场基础设施、新兴产业、国际物流、节能环保、医疗保健、地区开发等领域的合作达成共识,推进境外经贸合作产业园区等建设,搭建更多贸易促进平台,发挥两国经济团体和贸易促进机构的作用,为两国企业合作牵线搭桥。

2018 年 10 月,中日双方共同签署了《关于建立中日创新合作机制的备忘录》,双方同意在中日经济高层对话框架下,建立跨部门的"中日创新合作机制",促进包括产业领域在内的创新领域及知识产权等的具体合作。

## 12. 除主要创新国家外,还有哪些关键国家的科技创新与技术贸易情况需要关注

以色列奉行科技强国的治国方针,是世界上最小的超级大国,科技对GDP 的贡献率高达 90％以上。在全球化和一体化的时代大背景下,以色列政府不断完善科技创新管理与引导体制,主导和把握科技创新的战略导向和发展,并为企业提供大量的政策与资源支持。

其科技创新及国际技术贸易相关鼓励政策独具特点:

(1) 科技研发投入强度大;

(2) 除加大自身投入外,政府高度重视引进外国智力和资金资源;

(3) 以色列的高校通过技术转移组织等中介机构在科技成果与产业应用、国际贸易之间建立了便捷的转换渠道;

(4) 以色列军方扮演着独特角色,不仅扩散了优秀的民用技术,还配有大量的技术人才等。

韩国经济的腾飞与其倾力引进国外先进技术息息相关,在技术引进方面,韩国技术贸易政策有如下特点:

(1) 根据自身经济发展需要与发达国家技术发展阶段,适时引进技术,实现产业结构升级;

(2) 以引进为手段,消化吸收是关键,以创新为最终目的。

在引进技术的消化与创新方面,韩国政策有如下特点:

(1) 对所有引进的技术项目进行严格考核。其中,为了掌握扩大再生产的能力,把产品部件的国产化作为重要目标;

(2) 对引进技术进行“反向工程”,即从产品开始,通过仿制反向探索原料、性能、制造方法、技术设计,从而使企业的产品创新能力得到提高。

瑞典是世界上竞争力和创新能力极强的发达国家之一,以较大的科技与创新研发投入强度而著名,其研发经费占 GDP 的比重长期保持在 3％以上,2001 年曾达到 4.13％。其中,企业的 R&D 经费支出占 70％。在政府制定的“瑞典改革计划 2011”中提出,2020 年瑞典政府和企业研发投入将占GDP 的 4％。中瑞科技合作的重点领域包括再生能源、新一代通信技术、新

材料、生命科学。瑞典拥有一大批拥有专有技术的环保企业,环保产业出口强劲,约占全球环保产业总产值的38%,中国已成为瑞典在亚洲最大的环保产品出口市场。

瑞士具有世界上独有的政府管理体制,即经济、教育、科研、创新四位一体,将教育科研与创新作为一个整体来安排政府经费预算。瑞士在创新方面取得的辉煌成就,背后推动力还有商业界,特别是大型公司更加功不可没。ABB、罗氏、雀巢和诺华在2014年分别申请了400~600项专利。欧洲专利局的数据显示,上述公司是欧洲前50大专利申请人。瑞士在生命科学、工程科学、精密与纳米技术以及IT及其服务4个重点领域占据优势,在新材料、染料光敏太阳能电池、机械、电子和金属行业、信息和通信技术、清洁技术方面也处于领先水平。

丹麦是发达的西方工业国家,人均国内生产总值居世界前列,在《2020年全球创新指数》排名中位列全球第9名,一直以来都以高科技投入、高科技产出、自主创新能力强、科技对经济贡献大而著称,在绿色科技、生物制药、电信、通信技术和设计领域拥有先进产业和研究。丹麦有着明确的创新总体战略,以企业为创新主体、以风险投资为催化剂、以人才为核心、以长于设计为成果特色。在丹麦,私营企业主可以享受到国家提供的研发基金、研发税收减免政策等支撑企业创新。

新加坡是一个发达的资本主义国家,以其优越的地理位置成为亚洲重要的金融、服务和航运中心之一。2017年,新加坡全社会研发经费支出90.9亿美元,研发强度为1.85%;2018年,新加坡万人研发人员(注:每万人中的研发人员数量)全时当量为87万人年。新加坡政府会根据全球科技与产业的发展趋势,选定与调整其一段时间内的重点发展产业,然后以产业为导向确定科技发展的重点领域。新加坡是首个与中国签署全面自由贸易区协定的东盟国家,两国于2008年10月签署《中国-新加坡自由贸易区协定》。

# 第10章

# 中国关于国际技术贸易的法律、法规和政策

中国关于国际技术贸易的法律、法规和政策有《中华人民共和国对外贸易法》《中华人民共和国促进科技成果转化法》《中华人民共和国技术进出口管理条例》《中华人民共和国标准化法》《技术转移服务规范》《关于强化知识产权保护的意见》《关于新形势下加快知识产权强国建设的若干意见》《知识产权对外转让有关工作办法(试行)》《关于"十三五"期间支持科技创新进口税收政策的通知》《关于支持科技创新进口税收政策管理办法的通知》《重大技术装备进口税收政策管理办法》《关于继续执行研发机构采购设备增值税政策的公告》《中华人民共和国海关审定进出口货物完税价格办法》等。

## 1.《中华人民共和国对外贸易法》(2016 年 11 月 7 日修订)

《中华人民共和国对外贸易法》由第八届全国人民代表大会常务委员会第七次会议于 1994 年 5 月 12 日通过,2004 年 4 月 6 日,第十届全国人民代表大会常务委员会第八次会议第一次修订,2016 年 11 月 7 日,第十二届全国人民代表大会常务委员会第二十四次会议第二次修订,适用于对外贸易及与对外贸易有关的知识产权保护,以及货物进出口、技术进出口和国际服务贸易等全国对外贸易工作。

法律明确,国家准许技术的自由进出口,以及进出口属于自由进出口的技术,应当向国务院对外贸易主管部门或者其委托的机构办理合同备案登记等工作细则。

法律同时明确了限制技术进出口,包括为维护国家安全,保护人民的健康或安全,根据国际条约、协定等 11 项原因,以及与对外贸易有关的知识产权保护。

法律规定,进出口属于禁止进出口的技术的,或者未经许可擅自进出口属于限制进出口的技术的,依照有关法律、行政法规的规定处理、处罚;法律、行政法规没有规定的,由国务院对外贸易主管部门责令改正,没收违法所得,并处违法所得一倍以上五倍以下罚款,没有违法所得或者违法所得不足一万元的,处一万元以上五万元以下罚款;构成犯罪的,依法追究刑事责任。

## 2.《中华人民共和国促进科技成果转化法》(2015 年 8 月 29 日修订)

《中华人民共和国促进科技成果转化法》(2015 年修订版),由全国人民代表大会常务委员会于 1996 年 5 月 15 日发布,于 2015 年 8 月 29 日修订。与国务院于 2016 年 3 月 2 日发布的《实施中华人民共和国促进科技成果转化法若干规定》、国务院办公厅于 2016 年 4 月 21 日发布的《促进科技成果转移转化行动方案》形成了从修订法律条款、制定配套细则到部署具体任务的科技成果转移转化工作"三部曲"。

《中华人民共和国促进科技成果转化法》(2015 年修订版)主要是在 4 方面破除高校、研究院所在科技成果转化时的一些障碍,包括取消审批程序;收益权、分配权由高校自己按照规定程序自主处理,直接参与这些科技成果的科技人员可以享受项目所取得转化收益的 50% 以上;促进企业和高校的紧密合作,鼓励高校科技资源的开放,为企业提供技术的研发服务、检测、试验、咨询等活动,推动技术创新领域成果的落地转化;促进技术市场建设,加速培育专业服务人才等。

《实施中华人民共和国促进科技成果转化法若干规定》提出了更为明确

的操作措施,强调要打通科技与经济结合的通道,促进大众创业、万众创新,鼓励研究开发机构、高等院校、企业等创新主体及科技人员转移转化科技成果,推进经济提质增效升级。

《促进科技成果转移转化行动方案》是为深入贯彻党中央、国务院一系列重大决策部署,落实《中华人民共和国促进科技成果转化法》,加快推动科技成果转化为现实生产力,依靠科技创新支撑稳增长、促改革、调结构、惠民生特别制定。

《促进科技成果转移转化行动方案》提出了"十三五"期间,推动一批短中期见效、有力带动产业结构优化升级的重大科技成果转化应用,企业、高校和科研院所科技成果转移转化能力显著提高,市场化的技术交易服务体系进一步健全,科技型创新创业蓬勃发展,专业化技术转移人才队伍发展壮大,多元化的科技成果转移转化投入渠道日益完善,科技成果转移转化的制度环境更加优化,功能完善、运行高效、市场化的科技成果转移转化体系全面建成等主要目标,以及建设 100 个示范性国家技术转移机构,支持有条件的地方建设 10 个科技成果转移转化示范区,在重点行业领域布局建设一批支撑实体经济发展的众创空间,建成若干技术转移人才培养基地,培养 1 万名专业化技术转移人才,全国技术合同交易额力争达到 2 万亿元等主要指标。

在我国促进科技成果转移转化"三部曲"的基础上,2017 年 9 月,国务院印发了《国家技术转移体系建设方案》,明确提出了加快建设和完善国家技术转移体系的总体思路、发展目标、重点任务和保障措施,部署构建符合科技创新规律、技术转移规律和产业发展规律的国家技术转移体系,全面提升科技供给与转移扩散能力。

## 3. 《中华人民共和国技术进出口管理条例》(2019 年 3 月 2 日修订)

《中华人民共和国技术进出口管理条例》是为了规范技术进出口管理,维护技术进出口秩序,促进国民经济和社会发展而制定的法规。2001 年 10 月 31 日,《中华人民共和国技术进出口管理条例》由国务院第 46 次常务会议通过,自 2002 年 1 月 1 日起实施。于 2019 年 3 月 2 日发布的第 709 号国务院令《国务院关于修改部分行政法规的决定》,删去《中华人民共和国技术进出口管理条例》第二十四条第三款及第二十七条、第二十九条。

《中华人民共和国技术进出口管理条例》分为第一章"总则"、第二章"技术进口管理"、第三章"技术出口管理"、第四章"法律责任"和第五章"附则",其规定的内容主要包含 3 部分:关于技术进出口管理的规定、关于技术进口合同的特别规定以及相关的法律责任。

《中华人民共和国技术进出口管理条例》是我国加入世界贸易组织后制定的一个重要的行政法规,在结合《技术引进合同管理条例》和《技术引进合同管理条例施行细则》的基础上进一步完善,从而与《与贸易有关的知识产权协议》等国际公约接轨。

## 4.《中华人民共和国标准化法》(2017 年 11 月 4 日修订)

《中华人民共和国标准化法》是为了加强标准化工作,提升产品和服务质量,促进科学技术进步,保障人身健康和生命财产安全,维护国家安全、生态环境安全,提高经济社会发展水平而制定的法律。

《中华人民共和国标准化法》由中华人民共和国第七届全国人民代表大会常务委员会第五次会议于 1988 年 12 月 29 日通过,自 1989 年 4 月 1 日起施行。最新版本由中华人民共和国第十二届全国人民代表大会常务委员会第三十次会议于 2017 年 11 月 4 日修订通过,自 2018 年 1 月 1 日起施行。

文件包括总则、标准的制定、标准的实施、监督管理、法律责任以及附录6 部分。

## 5.《技术转移服务规范》(GB/T 34670—2017)

《技术转移服务规范》于 2017 年 9 月 29 日经国家质检总局、国家标准委批准发布,标准号为 GB/T 34670—2017,自 2018 年 1 月 1 日起实施,是我国首个技术转移服务推荐性国家标准。

《技术转移服务规范》由中华人民共和国科学技术部提出,全国服务标准化技术委员会归口,科技部火炬中心、中国标准化研究院、北京技术市场协会、北京工商大学、北京市情报所等单位参与研究和起草。该标准规定了技术转移服务的一般要求、通用流程、技术开发服务、技术转让服务、技术服务、技术咨询服务、技术评价服务、技术投融资服务、信息网络平台服务、服务评价与改进及其他可参照标准执行的技术转移服务。

## 6. 中共中央办公厅、国务院办公厅《关于强化知识产权保护的意见》(2019 年 11 月 24 日)

中共中央办公厅、国务院办公厅于 2019 年 11 月 24 日印发的《关于强化知识产权保护的意见》旨在加强知识产权保护,是完善产权保护制度的重要内容,也是提高我国经济竞争力的最大激励。

《关于强化知识产权保护的意见》包括 99 条重点措施,指出各地区各部门要加大对知识产权保护资金投入力度。鼓励条件成熟的地区先行先试,率先建设知识产权保护试点示范区等工作部署,并明确了两个阶段的目标:

第一阶段,力争到 2022 年,侵权易发多发现象得到有效遏制,权利人维权"举证难、周期长、成本高、赔偿低"的局面明显改观。

第二阶段,到 2025 年,知识产权保护社会满意度达到并保持较高水平,保护能力有效提升,保护体系更加完善,尊重知识价值的营商环境更加优化,知识产权制度激励创新的基本保障作用得到更加有效的发挥。

## 7. 国务院《关于新形势下加快知识产权强国建设的若干意见》(2015 年 12 月 18 日)

《国务院关于新形势下加快知识产权强国建设的若干意见》(以下简称《意见》)是就《〈国务院关于新形势下加快知识产权强国建设的若干意见〉重点任务分工方案》经国务院同意印发的意见。由国务院办公厅于 2016 年 7 月 18 日印发并实施。

《意见》确定了四条基本原则,即坚持战略引领、坚持改革创新、坚持市场主导、坚持统筹兼顾。意见明确了五条重要举措,包括推进知识产权管理体制机制改革,实行严格的知识产权保护,促进知识产权创造运用,加强重点产业知识产权海外布局和风险防控,提升知识产权对外合作水平。

《意见》明确,深入实施国家知识产权战略,深化知识产权重点领域改革,实行更加严格的知识产权保护,促进新技术、新产业、新业态蓬勃发展,提升产业国际化发展水平,保障和激励大众创业、万众创新。到 2020 年,知识产权重要领域和关键环节改革上取得决定性成果,创新创业环境进一步优化,形成国际竞争的知识产权新优势,为建成具有中国特色、世界水平的知识产权强国奠定坚实基础。

## 8. 国务院办公厅《知识产权对外转让有关工作办法(试行)》(2018 年 3 月 18 日)

《知识产权对外转让有关工作办法(试行)》是中央全面深化改革领导委员会第二次会议审议通过的文件,旨在贯彻落实总体国家安全观,完善国家安全制度体系,维护国家安全和重大公共利益,规范知识产权对外转让秩序。

本着最大程度促进知识产权交易的原则,《知识产权对外转让有关工作办法(试行)》仅对技术出口中的限制出口技术以及外国投资者并购境内企业安全审查涉及的知识产权对外转让进行审查,严格控制了审查范围。

同时,《知识产权对外转让有关工作办法(试行)》明确了知识产权对外转让的审查范围、审查内容、审查机制和制定审查细则等其他事项,相关审查工作涉及知识产权、贸易、科技、农业、林业等部门。

## 9. 财政部、海关总署、国家税务总局《关于"十三五"期间支持科技创新进口税收政策的通知》(2016 年 12 月 27 日)

为深入实施创新驱动发展战略,发挥科技创新在全面创新中的引领作用,规范科学研究、科技开发和教学用品免税进口行为,经国务院批准,财政部、海关总署、国家税务总局于 2016 年 12 月联合印发了《关于"十三五"期间支持科技创新进口税收政策的通知》,对科学研究机构、技术开发机构、学校等单位进口国内不能生产或者性能不能满足需要的科学研究、科技开发和教学用品,免征进口关税和进口环节增值税、消费税。

## 10. 财政部、国家发展和改革委员会、工业和信息化部等《关于支持科技创新进口税收政策管理办法的通知》（2017 年 1 月 14 日）

为深入贯彻落实党中央、国务院关于创新驱动发展战略有关精神,发挥科技创新在全面创新中的引领作用,在财政部、海关总署、国家税务总局联合印发《关于"十三五"期间支持科技创新进口税收政策的通知》的基础上,国家财政部、国家发展和改革委员会、工业和信息化部等 10 部门于 2017 年 1 月发布《关于支持科技创新进口税收政策管理办法的通知》。

政策规定,凡符合要求的各类科研院所、高等学校、企业技术中心、科技类民办非企业单位等可向管理部门提出免税资格申请,对经认定符合免税资格条件的单位颁发免税资格证书,同时函告上述单位所在地直属海关。经认定符合免税资格条件的单位,自免税资格证书颁发之日起,可按规定享受支持科技创新进口税收政策。

## 11. 财政部、工业和信息化部、海关总署等《重大技术装备进口税收政策管理办法》（2020 年 1 月 8 日）

财政部会同工业和信息化部、海关总署、国家税务总局、国家能源局制定的《重大技术装备进口税收政策管理办法》于 2020 年 1 月发布,进一步调整完善了重大技术装备进口税收政策管理办法,支持中国重大技术装备制造业发展,对符合规定条件的企业及核电项目业主为生产国家支持发展的重大技术装备或产品而确有必要进口的部分关键零部件及原材料,免征关税和进口环节增值税。

## 12. 财政部、商务部、国家税务总局《关于继续执行研发机构采购设备增值税政策的公告》（2019 年 11 月 11 日）

财政部、商务部和国家税务总局于 2019 年 11 月 11 日发布的《关于继续执行研发机构采购设备增值税政策的公告》明确，为鼓励科学研究和技术开发，促进科技进步，继续对符合规定的内资研发机构和外资研发中心采购国产设备全额退还增值税。

政策支持的研发机构包括各部门核定的科技体制改革过程中转制为企业和进入企业的主要从事科学研究和技术开发工作的机构、国家工程研究中心、企业技术中心、国家重点实验室和国家工程技术研究中心、专门从事科学研究工作的各类科研院所、国家承认学历的实施专科及以上高等学历教育的高等学校以及其他科学研究机构、技术开发机构和学校，以及符合条件的外资研发中心。

## 13. 海关总署《中华人民共和国海关审定进出口货物完税价格办法》（2014 年 2 月 1 日）

《中华人民共和国海关审定进出口货物完税价格办法》（以下简称《办法》）经 2013 年 12 月 9 日海关总署署务会议审议通过，2013 年 12 月 25 日，中华人民共和国海关总署令第 213 号公布。《办法》分总则，进口货物的完税价格，特殊进口货物的完税价格，进口货物完税价格中的运输及其相关费用、保险费的计算，出口货物的完税价格，完税价格的审查确定，附则，共 7 章 55 条，自 2014 年 2 月 1 日起施行。

《办法》规定了当特许权使用费是用于支付专利权或者专有技术使用权，或支付商标权、著作权、分销权、销售权或者其他类似权利时，应当视为与进口货物有关。

## 14. 在我国开展国际技术贸易工作还需要了解哪些政策、法规

| 序　号 | 名　　称 |
|---|---|
| 与资金有关的法律、法规与政策 | |
| 1 | 《关于"十三五"期间支持科技创新进口税收政策的通知》 |
| 2 | 《关于支持科技创新进口税收政策管理办法的通知》 |

续表

| 序　号 | 名　　称 |
|---|---|
| 3 | 《重大技术装备进口税收政策管理办法》 |
| 4 | 《关于继续执行研发机构采购设备增值税政策的公告》 |
| 5 | 《海关审定进出口货物完税价格办法》 |
| 6 | 《关于深化中央财政科技计划（专项、基金等）管理改革的方案》 |
| 7 | 《国家科技成果转化引导基金管理暂行办法》 |
| 8 | 《企业所得税法》及其实施条例 |
| 9 | 《个人所得税法》及其配套政策规定 |
| 10 | 《关于技术转让所得减免企业所得税有关问题的通知》 |
| 11 | 《关于居民企业技术转让有关企业所得税政策问题的通知》 |
| 12 | 《关于将国家自主创新示范区有关税收试点政策推广到全国范围实施的通知》 |
| 13 | 《企业研究开发费用所得税前扣除管理办法》 |
| 14 | 《关于完善研究开发费用税前加计扣除政策的通知》 |
| 15 | 《资源综合利用企业所得税优惠目录》 |
| 16 | 《环境保护专用设备企业所得税优惠目录》 |
| 17 | 《节能节水专用设备企业所得税优惠目录》 |
| 18 | 《安全生产专用设备企业所得税优惠目录》 |
| 19 | 《关于完善股权激励和技术入股有关所得税政策的通知》 |
| 20 | 《关于促进科技成果转化有关税收政策的通知》 |
| 21 | 《关于科技企业孵化器、大学科技园和众创空间税收政策的通知》 |
| 22 | 《关于科技型中小企业技术创新基金的暂行规定》 |
| 23 | 《科技型中小企业技术创新基金项目实施方案》 |
| 24 | 《创业投资企业管理暂行办法》 |
| 25 | 《创业投资基金管理暂行办法》 |
| 26 | 《关于强化企业技术创新主体地位全面提升企业创新能力的意见》 |
| 与技术要素有关的法律、法规与政策 | |
| 1 | 《中华人民共和国对外贸易法》 |
| 2 | 《中华人民共和国技术进出口管理条例》 |
| 3 | 《中华人民共和国标准化法》 |
| 4 | 《技术转移服务规范》 |
| 5 | 《知识产权对外转让有关工作办法》 |
| 6 | 《关于构建更加完善的要素市场配置体制机制的意见》 |
| 7 | 《民法典》 |
| 8 | 《关于加快发展技术市场的意见》 |
| 9 | 《建立和完善知识产权交易市场的指导意见》 |

| 序　号 | 名　　称 |
|---|---|
| 10 | 《促进科技成果转移转化行动方案》 |
| 11 | 《关于技术市场发展的若干意见》 |
| 12 | 《国家中长期科学和技术发展规划纲要(2006—2020)》 |
| 13 | 《国家技术转移促进行动实施方案》 |
| 14 | 《国家技术转移示范机构管理办法》 |
| 15 | 《关于进一步推进民用技术向军用转移的指导意见》 |
| 16 | 《专利法》 |
| 17 | 《著作权法》 |
| 18 | 《反不正当竞争法》 |
| 19 | 《企业国有资产法》 |
| 20 | 《企业国有资产交易监督管理办法》 |
| 21 | 《资产评估法》 |
| 与人才有关的法律、法规与政策 | |
| 1 | 《促进科技成果转化法》 |
| 2 | 《实施促进科技成果转化法若干规定》 |
| 3 | 《关于强化知识产权保护的若干意见》 |
| 4 | 《关于新形势下加快知识产权强国建设的若干意见》 |
| 5 | 《关于实行以增加知识价值为导向分配政策的若干意见》 |
| 6 | 《关于支持和鼓励事业单位专业技术人员创新创业的指导意见》 |
| 7 | 《关于进一步支持和鼓励事业单位科研人员创新创业的指导意见》 |
| 8 | 《关于深化项目评审、人才评价、机构评估改革意见》 |
| 9 | 《关于优化科研管理提升科研绩效若干措施的通知》 |
| 10 | 《国务院关于加快科技服务业发展的若干意见》 |
| 11 | 《关于深入实施农村创新创业带头人培育行动的意见》 |
| 12 | 《新形势下加强基础研究若干重点举措》 |
| 13 | 《赋予科研人员职务科技成果所有权或长期使用权试点实施方案》 |
| 14 | 《关于开展科技人员服务企业专项行动的通知》 |
| 15 | 《国家科学技术奖励绩效评价暂行办法》 |
| 16 | 《关于改革完善技能人才评价制度的意见》 |
| 17 | 《关于实施激励科技创新人才若干措施的通知》 |
| 18 | 《关于推动创新创业高质量发展打造"双创"升级版的意见》 |

# 第11章

# 中国科协的国际技术贸易服务工作

中国科协于 2020 年发布《中国科协 2020 年服务科技经济融合发展行动方案》,通过六项重点任务开展国际技术贸易服务工作。于 2021 年制定并实施"科创中国"三年行动计划(2021—2023 年),树立科技界有力支撑新发展格局的引领旗帜。

## 1. 中国科协对促进科技经济融合有哪些部署

《中国科协 2020 年服务科技经济融合发展行动方案》主要包括六项重点任务。

(1)打造"科创中国"科技经济融通平台。

联合各类创新主体,汇聚海内外创新资源和中小企业技术需求,积累形成开放式、演进型"问题库""成果库""人才库"。与地方政府合作,遴选若干重点产业,组织开展"技术路演",构建线上线下渠道融通的创新创业生态系统,促进优质技术项目转移和成果转化。

(2)共建"科创中国"创新枢纽城市。

与地方政府合作,共建百座创新要素供需对接枢纽城市,推动创新资源汇聚。在京津冀、长三角、粤港澳等重点区域共建技术交易服务中心,发展国际技术交易联盟,打造适应科技与产业加速变革的技术交易服务网络。支持地市创新和科普资源下沉,探索科技志愿服务与党群服务中心、新时代文明实践中心融合机制,建设新时代"科技工作者之家",践行科技为民,推动科技、人才"上山下乡",助力脱贫攻坚和乡村振兴。

(3)推动"科创中国"科技志愿服务。

中国科协全国学会组建国家级"科技服务团",省级科协组建区域性"科技服务队",各类企业和科技园区科协组建行业型"技术经理人团队",围绕地方产业发展和企业需求开展科技志愿服务。在 15 个左右省(区、市)开展需求调研,遴选 10 个左右重点产业领域,面向百座地级市,组织千家学会深入万家企业,2020 年年底前实现对重点区域、重点产业服务全覆盖。

(4)组织"科创中国"人才技术培训。

中国科协全国学会、省级科协围绕数字经济与实体经济融合发展和国家城镇化战略,服务地方引才、引智、引技。针对产业数字化、数字产业化和新型基础设施建设中的关键核心技术问题,组织开展学术交流,提供解决方案;开展先进适用技术培训,推动群众性技术创新;支持创新团队与企业共建专家工作站,开展订单式服务。发挥顶尖科学家论坛、青年科学家峰会、创新创业成果交易会等品牌活动的示范作用,举办千场人才培训和技术推广活动。

(5)集聚"科创中国"海外智力创新创业。

结合地市需求,新建一批海智基地和海外人才离岸创新创业基地。建立面向全球的"技贸通"国际技术交易促进协作机制,吸纳各地优秀技术转移服务机构、国际技术转移经理人,构建以城市为载体的国际技术交易服务"微循环"体系。开展"海外人才中国行"活动,支持国内企业与海外创新团队共建科研工作站。组织百场国际技术贸易和交流活动,吸引千家海外机构、万名海外人才参与。

(6)开展"科创中国"科技决策咨询。

聚焦数字经济发展,建立企业需求常态化调查机制,开展技术预见,研判关键技术路线和产业创新方向,为新型基础设施建设、产业升级和结构优化提供决策参考。聚焦城镇化发展对科技和公共治理带来的机遇和挑战,围绕科技服务民生、科技助力城市建设和乡村振兴开展决策咨询。组织百场服务地方创新发展的建言献策活动。

## 2.　"科创中国"三年行动计划(2021—2023 年)明确了哪些工作

为更好地促进科技经济深度融合,中国科协制定并实施"科创中国"三年行动计划(2021—2023 年)。

### 1)指导思想

以习近平新时代中国特色社会主义思想为指导,全面贯彻党的十九大和十九届二中全会、三中全会、四中全会、五中全会精神,立足新发展阶段,贯彻新发展理念,团结引领广大科技工作者深度融入新发展格局,建平台、解难题、促转化、助创业,以区域产业需求牵引科技供给,以前瞻性、突破性科技供给创造有效需求,以组织赋能、开放合作带动国内外创新资源有序下沉,营造良好的创新生态,把科技共同体人才势能转化为高质量发展动能,为提升国民经济体系整体效能提供科技支撑。

### 2)工作目标

力争通过三年时间,打造增值版"科创中国"品牌,树立科技界有力支撑新发展格局的引领旗帜。

(1)打造要素集成、开放融通的资源共享平台。凝聚一批有创新能力、创业激情、创造活力的优秀科技工作者;聚集一批国内外知名高校院所、头部企业、技术服务和金融投资机构;沉淀一批先导技术、产业需求、成果评价、技术标准和数据资源。2021 年,实现系统内资源"应连尽连";2022 年,重点拓展外部资源对接协同;2023 年,重点开展数据挖掘与应用增值服务,推动创新主体、资源要素优化配置。

(2)建设创新驱动、高质量发展的协同枢纽。推出一批科技创新力高、产业带动力强、区域影响力大的创新枢纽城市,推广一批科技经济融合发展的典型示范模式,建设具有科技共同体特色的产学协同组织体系。2021 年,在"科创中国"试点城市(园区)中择优推出 8 个左右创新枢纽城市;2022 年,建设 50 个左右试点城市(园区),逐渐拓展创新枢纽城市范围;2023 年,推出一批具备区域代表性的创新枢纽城市。建设千个左右贯通"政产学研金服用"合作链条的新型协同组织。

（3）形成服务科技与经济深度融合的长效机制。构建专业化服务体系和服务标准，打通国内外技术人才资源下沉渠道，完善资源供给、对接、落地长效机制。2021年，探索功能型科技服务团长效服务的典型模式，重点发掘学会在智库、评估和标准方面的专业优势；2022—2023年，优化服务特色，由全国学会主导成立10个高端智库机构、20个专业评估机构、50个团体标准特色机构。

### 3）重点任务

实施4类23项重点任务。

（1）打造要素集成、闭环运营的技术服务与交易平台。

① 全面集成科协系统资源。"科创中国"平台全面链接全国学会和地方科协，系统集成论坛活动、报告讲座、技术培训、知识产权运用和服务产品等产学融合资源，形成精准标引、便于检索的系列产品资源包，项目、活动、人才、成果"应入尽入"。

② 建设资源衔接站点。建设省级中心站、市级分站和学会协作站，强化业务联结。授权设立一批机构合作站点、创新基地，汇聚政府、企业、高校院所等有关机构的知识产权和技术交易平台、技术创新平台、云平台等各类平台优势资源，链接千万量级的企业主体。

③ 围绕产业链应用场景升级"三库"。升级"问题库""项目库""人才库"，选择国家战略性新兴产业和地方亟须发展产业，建设"产业链库"，促进大中小企业融通创新。提炼产品研发、设计、生产、流通过程中的需求点，形成分行业、分领域的"应用场景库"，帮助互联网、大数据、人工智能等企业寻找应用方向。

④ 设立工程技术"应用案例库"。围绕国家重点工程技术领域发展和工程技术人才评估需求，以"应用案例库"收录工程技术案例、数据、报告、标准等内容，形成工程技术知识中心，为解决工程技术问题提供借鉴方案，为广大工程技术人员提供实践样板，为工程技术人才评价提供参考

依据。

**专栏 1：技术服务与交易平台升级专项。**

- 建设合作站点。形成数字化平台、专业化中心站、市级分站、学会协作站和创新基地联动体系，服务功能下沉企业。

- 升级"三库"。建设"产业链库""应用场景库"，升级优化"问题库""项目库""人才库"。精选行业共性难题，进行"张榜招贤""揭榜挂帅"。

- 建设应用案例库。遴选 10 个左右重点工程技术领域，收录工程技术案例、数据、报告、标准等，为解决工程技术实际问题和工程技术人才评价提供参考依据，打造平台服务特色。

- 完善服务与交易功能。根据用户反馈，迭代优化、细化流程，增强产品可用性、针对性。开发适用接口，服务研究开发、技术转移、科技成果转化、科技评估、技术咨询、检验检测、科技金融、资质认证、公证鉴证、科技政策咨询等不同环节的功能需求。

⑤ 推出知识服务系列产品。以重点学术会议指南、中国科技期刊卓越行动计划为基础，推荐一批面向产业的会议和期刊，为企业提供前沿技术信息。提炼重大科学和工程技术问题，挖掘学科发展报告、技术路线图等学术成果的产业价值，形成可视化服务产品，向用户开放。

**专栏 2：知识服务系列产品专项。**

- 推介学术资源。推介一批与产业结合紧密的学术会议、科技期刊，为企业提供了解最新科技动态的交流平台。

- 形成可视化服务产品。将学科发展报告和技术路线图系列成果进行可视化加工，便于企业了解科技发展前沿和技术方向。

- 形成分众传播矩阵。面向区域、产业、企业、政府、社团和科技工作者等不同受众，提供不同层级、不同类别的系列知识传播服务。

⑥ 发布"科创中国"榜单。持续推出"科创中国"先导技术、新锐企业、产学融通组织等系列榜单，围绕地方需求集中领域，推介、转移转化技术成果，打造技术服务与交易风向标。开展配套宣传推广，扩大榜单的社会影响力。

**专栏 3："科创中国"榜单专项。**

- 形成评价指标。持续开展"科创中国"榜单评选，形成科技共同体特色的先导技术、新锐企业、产学融通组织等引导指标。

- 优化提名方式。通过大数据筛选和多种分析工具,提高提名的科学性和精准度。

- 扩大榜单影响。组织"科创中国"发布系列活动,增强宣传推广工作力度,逐步扩大影响力。

- 开展技术推广。定向推广"科创中国"先导技术,配套开展线上线下推广服务。

⑦ 实现平台专业化运营。提升平台运营能力,统筹开展用户运营、产品运营、内容运营、活动运营、数据运营、资本运营。建设一支核心稳定、外围灵活分布的专业化平台运营团队,迅速、准确响应用户需求。与投资机构合作,盘活技术服务与交易资源,促进技术入股、知识产权质押、知识产权证券化和科创企业融资。

**专栏 4:"科创中国"平台专业化运营专项。**

- 提供分析、研判、对接服务。按需拼接、组合服务资源,与系统内外机构协作,开发增值服务包,精细化开展平台线上线下运营服务。

- 培育专职服务队伍。采用引培结合的方式,建设"科创中国"主平台专职服务队伍,提升专业化运营水平。

- 发展兼职服务队伍。组建企业联络员、高校院所联络员、学会联络员和服务机构联络员 4 支外部兼职工作人员队伍。企业联络员负责挖掘技术需求,并进行分析拆解;高校院所联络员负责发现技术成果,并进行翻译推介;学会联络员负责对需求侧和供给侧进行专业评估,并兼任本领域专家"业务小秘书";服务机构联络员负责对接成果转移转化过程中涉及的知识产权、金融、法律等服务。

(2)建设产业链一体化创新枢纽城市集群。

① 建设区域创新枢纽城市。围绕京津冀协同发展、长三角一体化、粤港澳大湾区、长江经济带、东北老工业基地振兴、黄河流域可持续发展、西部大开发、成渝双城经济圈等国家重大战略,扩大试点城市(园区)至 50 个左右。结合试点建设,打造一批产业聚集程度高、产业带动力强的创新枢纽城市。

② 助力创新枢纽城市培育带动型产业。聚焦电子信息、装备制造、生物

医药等重点产业领域,发挥创新枢纽城市龙头企业带动作用,组建创新联合体,对接跨界科技资源,联系国际科技组织,参与国际标准制定,优化创新资源配置。分区域、分行业做好产业链布局设计,提供应用场景,培育重点产业集群,带动中小企业创新活动。开展特色模式示范推广,通过创新枢纽城市对其他城市形成辐射带动。

专栏 5:创新枢纽城市特色模式示范推广专项。

- 特色产业基础服务。针对产业基础薄弱地区,侧重为特色产业配套提供技术人才等服务。

- 重点产业转型升级。针对资源枯竭型地区、传统产业集聚地区,侧重提供重点产业转型升级所需的技术与咨询服务。

- 优势产业数字化提升。针对产业基础较好地区,侧重提供优势产业数字化转型、产业链延伸等跨界融合类服务。

- 支柱产业国际竞争力提升。针对经济条件优越、产业基础良好地区,侧重提供支柱产业国际引才引智、双边和多边合作等对外拓展类服务。

③ 服务中小企业创新能力提升。针对不同行业中小企业需求场景,提出企业数字化解决方案,促进中小企业上云、用云,加速企业数字化、网络化、智能化转型。持续开展科研仪器和生产设备等共享服务、知识产权运用服务、企业创新力线上自评服务、关键核心技术专利分析服务,有效促进资源共享增效。开展中小企业创新服务系列行动,提供管理创新、技术创新、人才培训、市场开发等系列资源和培训服务。

④ 推出技术服务与交易系列活动。根据区域的不同特点,每年选择 5个左右重点领域,推出一批技术服务与交易活动,打造系列活动品牌。遴选推荐优秀技术团队,与国际科技组织、技术转移机构、高校院所等合作,定期发布技术项目,组织技术路演。全程跟踪活动成效,提高成果落地转化率。会同政府部门联合支持技术交易中心发展。

专栏 6:技术服务交易系列活动专项。

- 开展系列活动。与政府部门和专业机构合作,举办技术服务与交易系列活动。

- 举办技术路演。举办国内国际、线上线下技术路演,推介优秀成果和团队。
- 进行跟踪服务。开展技术服务和交易活动成效跟踪服务,帮助成果实现落地转化。
- 共建交易中心。在东、中、西部代表性城市与政府部门联合支持建设若干技术交易中心,完善机制,互动合作。

(3) 织密科技共同体特色产学协同组织网络体系。

① 做强"科创中国"联合体。吸引更多头部单位加入"科创中国"联合体。在电子信息、装备制造、生物医药、先进材料、资源环境等重点领域,由头部单位牵头,建设若干国家级战略产业联合体,开展关键技术攻关、供应链对接、项目投融资合作等。

② 建设区域内创新协作网络。围绕长三角人工智能、粤港澳技术交易、京津冀信息技术、东北地区产业转型、西部地区承接产业转移、成渝城市群智能产业等服务需求,组建区域产业联合体、重点产业联合体等产业链协作组织。在省市两级设立科技经济融合学会、中小企业联合体、联合实验室、产业技术研究院等新型协同组织,织密区域产业创新协作网络。

**专栏7:"科创中国"联合体建设专项。**

- 建设重点产业联合体。在电子信息、装备制造、生物医药、先进材料、资源环境等领域,建设若干产业联合体。
- 成立区域产业联合体。围绕长三角人工智能、粤港澳技术交易、京津冀信息技术、东北地区产业转型、西部地区承接产业转移、成渝城市群智能产业等服务需求,在省一级联合成立 10 个左右区域产业联合体。
- 催生一批新型协同组织。在省市两级成立 1000 个左右科技经济融合学会、中小企业联合体、联合实验室、产业技术研究院等新型协同组织。

③ 建设全国学会专业服务体系。全国学会主导建设一批高端智库机构、专业评估机构、团标特色机构,通过专业评估和标准引导,开展面向市场的专业服务,拓展全国学会专业服务网络。

专栏8：提升全国学会专业化服务能力专项。

- 产业技术方向与研判服务。全国学会围绕科技服务交易重点难点问题，汇聚国内外顶级专家，成立10个高端智库机构。

- 专业技术评估服务。全国学会成立20个专业评估机构，针对科技服务交易中的需求、技术、政策等进行评估。

- 核心技术标准研制与推介服务。全国学会成立50个团标特色机构，制定有关科技服务交易团体标准，形成业内科技公共服务品牌。

- 共性技术研发服务。各级学会接受委托，发挥自身优势，提供共性技术立项、转移转化、联合研发等方面的专业服务。

④ 建设科协基层组织创新协作网络。分批将高校科协纳入"科创中国"供给节点，推动成立企业科协联合体、园区科协联合体，突破企业、园区科协自我运转的内循环机制，促成校企、企企机制化合作。

⑤ 建设双向国际组织联结网络。强化国际技术交易服务联盟作用，对接欧美创新协作网络，增强信息共享、资源互动。优化配置国际化资源与地方产业需求，推动境外项目和成果落地。重点面向"一带一路"、东盟等国家推介国内优秀企业和技术。

专栏9："科创中国"组织赋能专项。

- 发挥高校科协作用。指导高校科协深度联结本校科研团队、成果转化部门，成为成果转移转化供给节点。

- 发挥园区企业科协作用。为园区科协、企业科协引入外部资源，实现组织赋能。

- 发挥国际组织作用。促进国际组织、国际会议资源转化，做好有机配置和资源落地。

（4）优化科技人才面向经济主战场可持续服务机制。

① 建设专业产业智库。组建"科创中国"咨询委员会，组建智库服务团。举办高端智库类论坛，发布高质量行业发展监测报告，研判区域产业发展和企业创新技术方向，提出技术成果转移转化对策建议。

专栏10：智库专家服务地方专项。

- 举办智库活动。持续举办中国科协产学融合高峰论坛，重点关注产业和区域发展需求,组织"政产学研金服用"各类主体参与跨界研讨,及时形成服务区域产业的咨询建议,促成智库专家与地方的长期合作。

- 组织智库研究。集合专家智慧,开展集成电路、生命健康、新能源、先进材料等领域技术预见,为政府部门、园区和企业选择技术方向提供决策参考。

② 组建常态化、功能型、专业化科技服务团。由全国学会自愿组合,组建学科领域交叉、服务功能齐全的百支功能型、专业化科技服务团,持续开展技术人才等资源下沉和落地服务。国家级、省级、市级三级联动,国家级学会侧重导入国内外资源和成果评价,省级学会侧重需求挖掘,市级学会负责本地保障和成果落地。

**专栏 11:"科技服务团"服务专项。**

- 组建功能型科技服务团。根据产业链现代化发展需求,精准组建功能型科技服务团,由相关领域知名专家领衔,组织跨学科专家,开展产业链一体化服务。

- 组建专业化科技服务团。按区域产业需求,以地方为主,分类组建千支专业化科技服务团,开展细分领域针对性服务。

- 服务团三级联动。国家级、省级、市级三级科技服务团互联互通,联动服务。

③ 培养基层一线产业人才。组织开展面向中小企业的技术培训和创新技能培训,提升基层一线技术创新水平。强化新时代文明实践中心、党群服务中心服务功能,汇聚一批产业一线技术人才,为中西部地区产业转型升级提供人才支撑。

④ 培育技术经理人队伍。开展技术服务和交易技能培训,形成技术经理人标准,发现和培养万名专兼职技术经理人。全国学会成立与技术服务和交易相关的专业委员会、分会或工作委员会,吸纳技术中介机构成为学会单位会员,吸收技术经理人成为学会个人会员。地方科协成立技术经理人联合组织,形成合作网络。

**专栏 12：技术服务交易培训专项。**

- 开展技术服务交易技能培训。开展面向学会及科协组织的技术服务交易培训，熟悉基本概念、基本知识，掌握基本技能，提高开展技术服务与交易的能力。
- 开展技术经理人队伍培训。开展技术经理人培训，吸引科学家、企业家、投资家参与，形成专业领域全链条的技术经理人队伍。
- 开展专项培训和大赛。办好中国创新方法大赛，开展企业技术创新人才培训，创办特色技术服务与交易培训项目。

⑤ 凝聚一批青年人才。组建"科创中国"青年百人会，联系一批国内顶尖、国际知名的青年科学家、企业家和投资家。在面向青年群体的优秀中外青年交流活动、世界青年科学家峰会等平台、项目中，有针对性地举办产学融合活动。在青年人才托举工程中专门安排一定的企业人才比例，支持青年科技人才在企业和产业一线发挥更大作用。

⑥ 建设跨境荐才引才通道。组织开展国内外科技专家的互动交流活动。根据需要设立"海智计划"工作基地、海外创新创业基地和国家海外人才离岸创新创业基地，带动地方出台引导性政策，优化引才引智机制。

⑦ 联结"双创"团队。以"科创中国"平台作为全国双创工作线上支撑平台，深入重点高新区、经开区，赋能双创示范基地，为双创团队提供技术人才服务；加强双创工作互动，引导创新创业产品和研发能力跨域输出。

**专栏 13：服务创新创业人才专项。**

- 举办全国双创活动周。配合国家发展改革委，举办全国双创活动周，展示最新创新创业成果，推介优秀创业团队，营造良好创新创业氛围。
- 组织创新创业大赛。组织中国海外人才创新创业项目大赛，从全球筛选优秀项目、优秀海外人才，帮助其在国内实现价值落地。
- 举办"海外双创活动周"。面向"一带一路"和东盟国家设计活动内容，帮助国内优秀创新创业企业开拓海外市场。

**4）保障机制**

（1）强化统筹领导。

建立中国科协党组、书记处同志联系重点省（区、市）工作机制。挂点工作组与地方共同成立创新枢纽城市、试点城市(园区)建设工作领导小组。创新枢纽城市、试点城市(园区)及所属省、市、自治区成立相关工作机构。定期召开协调会议,强化与有关部委、机构及地方的沟通和互动。

(2)加强组织联动。

中国科协顶层设计、省级统筹、地市为中心、县为重点,强化组织动员。加强"一体两翼"组织联动,全国学会主要负责专家动员和组织,地方科协主要负责需求挖掘和落地转化。全国学会和地方科协结合本单位、本地实际,制定实施计划。

(3)明确责任分工。

中国科协科技经济融合工作领导小组办公室发挥统筹作用,办公厅负责创新枢纽城市和试点城市(园区)建设、组织人事部负责组织建设、学会学术部负责平台建设,其他成员单位按职责分工承担任务,责任到人。

(4)注重品牌推广。

提炼推广具有科技共同体特色的组织创新和机制创新模式。策划出版"'科创中国'系列丛书",在国家科技传播中心设立专题展览。宣传表彰在促进科技经济融合工作中做出突出贡献的单位和个人,树立创新创业样板,营造良好创新氛围。

(5)强化考核评估。

完善考核体系,对平台影响力、科技服务团服务成效、创新枢纽城市产业服务效果等进行科学考核评估。因地制宜、因产制宜,科学合理设置创新枢纽城市、试点城市(园区)遴选和分类评价标准,以评促建,根据结果滚动更新,动态调整。

# 参 考 文 献

[1] APEC. Handbook on APEC Technology Commercialization Practices in APEC Economies[EB/OL]. https://www.apec.org/Publications/2019/05/Handbook-on-Technology-Commercialization-Practices-in-APEC-Economies,2019.

[2] 布莱恩·阿瑟.技术的本质[M].杭州：浙江人民出版社,2018.

[3] 北京市高级人民法院.专利侵权判定指南（2017）[EB/OL]. http://bjgy.chinacourt.gov.cn/article/detail/2017/04/id/2820737.shtml,2017.

[4] 杜奇华.国际技术贸易[M].2版.北京：对外经济贸易大学出版社,2012.

[5] 杜奇华,冷柏军.国际技术贸易[M].3版.北京：高等教育出版社,2016.

[6] G20. G20 ministers meeting on trade and the digital economy[EB/OL]. http://www.g20.utoronto.ca/2019/2019-g20-trade-chairs-statement.html,2019.

[7] 国际货币基金组织(IMF).国际货币基金组织协定[EB/OL]. https://www.imf.org/external/pubs/ft/aa/,2020.

[8] 国务院.关于印发国家技术转移体系建设方案的通知[EB/OL]. http://www.gov.cn/zhengce/content/2017-09/26/content_5227667.htm,2017.

[9] 关峻,郜起霞.中国科协推动科技成果转化的科技服务路径研究[J].科技进步与对策,2016(14)：23-27.

[10] 经济合作与发展组织(OECD).弗拉斯卡蒂手册[M].6版.北京：科学技术文献出版社,2010.

[11] 柳卸林,何郁冰,胡坤,等.中外技术转移模式的比较[M].北京：科学出版社,2017.

[12] 刘阿男.日本技术贸易政策研究及启示[J].辽宁大学学报,2001(2)：36-38.

[13] 刘颖,邓瑞平.国际经济法[M].北京：中信出版社,2003.

[14] 刘永瑞,张从丽.韩国是如何通过技术贸易实现经济腾飞的[J].探索与求是,1997(12)：43-44.

[15] 李士杰,赵淑茹.国际科技合作的法律风险控制[J].中国高校科技与产业化,2011(05)：14-15.

[16] 缪文彬,蒋伟,陈相.欧盟技术贸易壁垒实施现状简介[J].商场现代化,2010(24)：2-3.

[17] Posner. M V International Trade and Technology Change[J]. Oxford Economic Papers,1961,13(3)：323-341.

[18] 潘炜.标准必要专利中的 FRAND 原则[EB/OL]. http://www.iprdaily.cn/article

_21908. html,2018.

[19] 沈越.国际技术转移概论[M].北京:中国财政经济出版社,1989.

[20] 世界知识产权组织(WIPO).建立世界知识产权组织公约[EB/OL]. https://www. wipo. int/treaties/zh/convention/,1979.

[21] 世界知识产权组织(WIPO).供发展中国家使用的许可证贸易手册[EB/OL]. https://www. wipo. int/edocs/pubdocs/en/wipo_pub_620. pdf,1977.

[22] 世界知识产权组织(WIPO). WIPO 工业产权信息与文献手册[EB/OL]. https://www. wipo. int/standards/zh/,2017.

[23] 世界知识产权组织(WIPO).关于集成电路知识产权的华盛顿条约[EB/OL]. https://www. wipo. int/treaties/zh/ip/washington/,1989.

[24] 世界知识产权组织(WIPO).专利合作条约实施细则[EB/OL]. https://www. wipo. int/pct/en/,2019.

[25] 世界知识产权组织(WIPO).专利法条约[EB/OL]. https://www. wipo. int/treaties/zh/ip/plt/,2000.

[26] 世界知识产权组织(WIPO).国际专利分类斯特拉斯堡协定[EB/OL]. https://www. wipo. int/treaties/zh/classification/strasbourg/,1979.

[27] 世界知识产权组织(WIPO).商标国际注册马德里协定[EB/OL]. https://www. wipo. int/treaties/zh/registration/madrid/,1891.

[28] 世界知识产权组织(WIPO).商标注册用商品与服务国际分类尼斯协定[EB/OL]. https://www. wipo. int/treaties/zh/classification/nice/,1979.

[29] 世界知识产权组织(WIPO).建立商标图形要素国际分类维也纳协定[EB/OL]. https://www. wipo. int/treaties/zh/classification/vienna,1985.

[30] 世界知识产权组织(WIPO).工业品外观设计国际保存海牙协定[EB/OL]. https://www. wipo. int/treaties/zh/registration/hague/,1999.

[31] 世界知识产权组织(WIPO).保护文学与艺术作品伯尔尼公约[EB/OL]. https://www. wipo. int/treaties/zh/ip/berne/,1886.

[32] 世界贸易组织(WTO).与贸易有关的知识产权协议(TRIP)[EB/OL]. http://ipr. mofcom. gov. cn/zhuanti/law/conventions/wto/trips. html,1993.

[33] 商务部公共商务信息平台.中国服务贸易指南[EB/OL]. http://tradeinservices. mofcom. gov. cn/article/zhishi/jichuzs/200802/21437. html,2008.

[34] 联合国工业发展组织(UNIDO). Manual on technology transfer negotiation[EB/OL]. https://digitallibrary. un. org/record/241080? ln=zh_CN,1996.

[35] 吴庆峰.中俄科技合作及技术转移前景展望[J].西伯利亚研究,2010,037(002):38-41.

[36] 新华网.共担时代责任,共促全球发展——在世界经济论坛 2017 年年会开幕式上的主旨演讲[EB/OL]. http://www. xinhuanet. com/mrdx/2017-01/18/c_135992405. htm,2016.

[37] 新华网.数字中国催动发展蝶变[EB/OL]. http://www. xinhuanet. com/tech/

2019-05/14/c_1124489217.htm,2019.

[38] 许惊,贾敬敦.2019全国技术市场统计年报[M].北京：兵器工业出版社,2019.

[39] 杨波.以色列科技创新发展的经验与启示[J].上海经济,2015(Z1)：51-55.

[40] 张士运.技术转移体系建设理论与实践[M].北京：中国经济出版社,2014.

[41] 周涛,于兰萍,张勇.技术成熟度评价方法应用现状及发展[J].计算机测量与控制,2015(05)：173-176.

[42] 中国政府网.中华人民共和国对外贸易法（主席令第十五号）[EB/OL].http://www.gov.cn/zhengce/2005-06/27/content_2602160.htm,2005.

[43] 中国人大网.全国人民代表大会常务委员会关于修改《中华人民共和国对外贸易法》等十二部法律的决定[EB/OL].http://www.npc.gov.cn/npc/c12488/201611/8e56811662a446abb29be51483b083fe.shtml,2016.

[44] 中国政府网.中华人民共和国促进科技成果转化法[EB/OL].http://www.gov.cn/xinwen/2015-08/30/content_2922111.htm,2015.

[45] 中国政府网.中华人民共和国技术进出口管理条例[EB/OL].http://www.gov.cn/gongbao/content/2011/content_1860867.htm,2011.

[46] 中国政府网.中华人民共和国国务院第709号令 关于修改部分行政法规的决定[EB/OL].http://www.gov.cn/gongbao/content/2019/content_5377104.htm,2019.

[47] 中国政府网.国务院关于印发实施《中华人民共和国促进科技成果转化法》若干规定的通知[EB/OL].http://www.gov.cn/zhengce/content/2016-03/02/content_5048192.htm,2016.

[48] 中国政府网.国务院办公厅关于印发促进科技成果转移转化行动方案的通知[EB/OL].http://www.gov.cn/zhengce/content/2016-05/09/content_5071536.htm,2016.

[49] 中国人大网.中共中央 国务院关于推进贸易高质量发展的指导意见[EB/OL].http://www.npc.gov.cn/npc/c30834/201911/8e232d1565fe49238f5c3f88984cf95f.shtml,2019.

[50] 中国政府网.中共中央办公厅 国务院办公厅印发《关于强化知识产权保护的意见》[EB/OL].http://www.gov.cn/zhengce/2019-11/24/content_5455070.htm,2019.

[51] 中华人民共和国科学技术部.科技部关于印发"十三五"技术市场发展专项规划的通知[EB/OL].http://www.most.gov.cn/tztg/201706/t20170609_133458.htm,2017.

[52] 中华人民共和国科学技术部.关于印发国家技术转移示范机构管理办法的通知[EB/OL].http://www.most.gov.cn/xxgk/xinxifenlei/fdzdgknr/fgzc/gfxwj/gfxwj2010before/201712/t20171222_137075.html,2007.

[53] 中华人民共和国商务部.关于新形势下加快知识产权强国建设的若干意见[EB/OL].http://www.mofcom.gov.cn/article/b/g/201603/20160301271428.

shtml,2016.

[54] 中华人民共和国商务部.国务院办公厅关于印发《知识产权对外转让有关工作办法(试行)》的通知[EB/OL]. http://www. mofcom. gov. cn/article/b/g/201805/20180502743326. shtml,2018.

[55] 中华人民共和国科学技术部.关于"十三五"期间支持科技创新进口税收政策的通知[EB/OL]. http://www. most. gov. cn/kjzc/gjkjzc/kjjryss/201701/t20170117_130571. htm,2017.

[56] 中华人民共和国国家税务总局.关于支持科技创新进口税收政策管理办法的通知[EB/OL]. http://www. chinatax. gov. cn/chinatax/n810341/n810765/n2511651/201703/c2712366/content. html,2017.

[57] 中华人民共和国国家税务总局.关于印发《重大技术装备进口税收政策管理办法》的通知[EB/OL]. http://www. chinatax. gov. cn/chinatax/n810341/n810755/c5142591/content. html,2020.

[58] 中华人民共和国国家税务总局.关于继续执行研发机构采购设备增值税政策的公告[EB/OL]. http://www. chinatax. gov. cn/chinatax/n810341/n810755/c5140112/content. html,2019.

[59] 中华人民共和国海关总署.海关总署令第 213 号(《中华人民共和国海关审定进出口货物完税价格办法》)[EB/OL]. http://shenyang. customs. gov. cn/customs/302249/302266/302267/356036/index. html,2013.

[60] 中共中央网络安全和信息化委员会办公室.G20 杭州峰会通过《G20 数字经济发展与合作倡议》为世界经济创新发展注入新动力[EB/OL]. http://www. cac. gov. cn/2016-09/29/c_1119648535. htm,2016.

[61] 中国互联网协会,工业和信息化部信息中心.2018 年中国互联网企业 100 强榜单[EB/OL]. http://www. miitcidc. org. cn/n955469/n1035230/c1035832/content. html,2019.

[62] 中国互联网协会,工业和信息化部信息中心.2018 年中国互联网企业 100 强发展报告[EB/OL]. http://www. miitcidc. org. cn/n955469/n955474/c1025728/content. html,2019.

[63] 中国科学技术协会.关于印发《2020 年中国科协学会学术工作要点》的通知[EB/OL]. http://www. cast. org. cn/art/2020/2/28/art_458_114465. html,2020.

[64] 中华人民共和国国家质量监督检验检疫总局,中国国家标准化管理委员会.技术转移服务规范:GB/T 34670—2017[EB/OL]. http://www. sac. gov. cn/gzfw/ggcx/gjbzgg/201724/,2017.

[65] 中国科技成果管理研究会,国家科技评估中心,中国科学技术信息研究所.中国科技成果转化年度报告 2018(高等院校与科研院所篇)[M].北京:科学技术文献出版社,2019.

[66] 中国科学技术协会.中国科协召开科技经济融合发展工作专题研讨会[EB/OL]. http://www. cast. org. cn/art/2020/4/2/art_79_117881. html,2020.

# 重点技术领域分析

本附录主要通过 4 个表格（见表 A-1～表 A-4），分析相关重点技术领域。

表 A-1 《中国制造 2025》技术路线图

| 行 业 领 域 | 细分行业类目 |
|---|---|
| 新一代信息技术产业 | 集成电路及专用设备 |
| | 信息通信设备 |
| | 操作系统与工业软件 |
| | 智能制造核心信息设备 |
| 高档数控机床和机器人 | 机器人 |
| | 高档数控机床与基础制造装备 |
| 航空航天装备 | 飞机 |
| | 航空发动机 |
| | 航空机载设备与系统 |
| | 航天装备 |
| 海洋工程装备及高技术船舶 | 海洋工程装备及高技术船舶 |
| 先进轨道交通装备 | 先进轨道交通装备 |
| 节能与新能源汽车 | 节能汽车 |
| | 新能源汽车 |
| | 智能网联汽车 |
| 电力装备 | 发电装备 |
| | 输变电装备 |
| 农业装备 | 农业装备 |

续表

| 行 业 领 域 | 细分行业类目 |
|---|---|
| 新材料 | 先进基础材料 |
| | 关键战略材料 |
| | 前沿新材料 |
| 生物医药及高性能医疗器械 | 生物医药 |
| | 高性能医疗器械 |

表 A-2 《科技日报》发布的 35 项"卡脖子"技术

| 序 号 | "卡脖子"的重点技术领域和方向 |
|---|---|
| 1 | 光刻机 |
| 2 | 芯片 |
| 3 | 操作系统 |
| 4 | 航空发动机短舱 |
| 5 | 触觉传感器 |
| 6 | 真空蒸镀机 |
| 7 | 手机射频器件 |
| 8 | iCLIP 技术 |
| 9 | 重型燃气轮机 |
| 10 | 激光雷达 |
| 11 | 适航标准 |
| 12 | 高端电容电阻 |
| 13 | 核心工业软件 |
| 14 | ITO 靶材 |
| 15 | 核心算法 |
| 16 | 航空钢材 |
| 17 | 铣刀 |
| 18 | 高端轴承钢 |
| 19 | 高压柱塞泵 |
| 20 | 航空设计软件 |
| 21 | 光刻胶 |
| 22 | 高压共轨系统 |
| 23 | 透射式电镜 |
| 24 | 掘进机主轴承 |

续表

| 序　　号 | "卡脖子"的重点技术领域和方向 |
|:---:|:---:|
| 25 | 微球 |
| 26 | 水下连接器 |
| 27 | 燃料电池关键材料 |
| 28 | 高端焊接电源 |
| 29 | 锂电池隔膜 |
| 30 | 医学影像设备元器件 |
| 31 | 超精密抛光工艺 |
| 32 | 环氧树脂 |
| 33 | 高强度不锈钢 |
| 34 | 数据库管理系统 |
| 35 | 扫描电镜 |

表 A-3　　建议重点关注与开展合作的技术领域

| 重点领域 | 关键技术 | |
|:---:|:---|:---|
| 新一代信息技术产业 | • 集成电路及专用设备信息通信设备<br>• 操作系统与工业软件<br>• 智能制造核心信息设备<br>• 数字化和智能化设计制造 | • 新一代信息功能材料及器件<br>• 军工配套关键材料及工程化<br>• 虚拟现实技术<br>• 智能感知技术、量子通信、量子计算 |
| 智能制造和人工智能 | • 高档数控机床与基础制造装备<br>• 机器人<br>• 智能服务机器人关键零部件<br>• 系统集成设计制造<br>• 深度学习<br>• 计算机视觉<br>• 语音识别<br>• 情境感知 | • 计算智能制造<br>• 基础通信设备<br>• 工业控制设备<br>• 工业传感器<br>• 智能仪器仪表和检测设备<br>• 制造物联设备<br>• 工业信息安全产品 |
| 航空航天装备 | • 飞机航空发动机<br>• 航空机载设备与系统<br>• 航天装备 | • 物质深层次结构和宇宙大尺度物理学规律<br>• 航空航天重大力学问题 |

续表

| 重 点 领 域 | 关 键 技 术 | |
|---|---|---|
| 海洋工程装备及高技术船舶 | • 海洋工程装备及高技术船舶<br>• 海洋资源开发用大型海洋工程技术与装备<br>• 海洋环境立体监测技术 | • 大洋海底多参数快速探测技术<br>• 天然气水合物开发技术<br>• 深海作业技术 |
| 先进轨道交通装备 | • 先进轨道交通装备<br>• 高速轨道交通系统 | • 高效运输技术与装备<br>• 智能交通管理系统 |
| 新能源技术 | • 低能耗与新能源汽车<br>• 智能网联汽车<br>• 可再生能源低成本规模化开发利用<br>• 建筑节能与绿色建筑 | • 氢能及燃料电池技术<br>• 分布式供能技术<br>• 快中子堆技术<br>• 磁约束核聚变 |
| 电力装备 | • 发电装备<br>• 输变电装备 | • 超大规模输配电和电网安全保障 |
| 农业装备 | • 农业装备<br>• 多功能农业装备与设施<br>• 种质资源发掘、保存和创新与新品种定向培育 | • 农产品精深加工与现代储运<br>• 农业精准作业与信息化<br>• 环保型肥料、农药创制和生态农业 |
| 新材料 | • 先进基础材料<br>• 关键战略材料<br>• 前沿新材料<br>• 智能材料与结构技术<br>• 高温超导技术 | • 高效能源材料技术<br>• 新物质创造与转化的化学过程<br>• 凝聚态物质与新效应<br>• 纳米研究 |
| 生物医药及高性能医疗器械 | • 生物医药<br>• 高性能医疗器械<br>• 中医药传承与创新发展<br>• 先进医疗设备与生物医用材料<br>• 新一代工业生物技术 | • 基因操作和蛋白质工程技术<br>• 基于干细胞的人体组织工程技术<br>• 动植物品种与药物分子设计技术<br>• 靶标发现技术<br>• 脑科学与认知科学 |

表 A-4　"Gartner 2018—2020 新兴技术成熟度曲线"信息汇总分析

| 英文名称 | 中文名称 | 启动期 | 泡沫期 | 低谷期 | 爬升期 | 高原期 | 2020年高原期预期 | 2019年高原期预期 | 2018年高原期预期 |
|---|---|---|---|---|---|---|---|---|---|
| Biotech-Cultured or Artificial Tissue | 生物技术-人工培育组织 | 2018年 2019年 | | | | | | 10年以上 | 10年以上 |
| Flying Autonomous Vehicles | 自主飞行器 | 2018年 2019年 | | | | | | 10年以上 | 10年以上 |
| Smart Dust | 智能微尘 | 2018年 | | | | | | | 10年以上 |
| Artifical General Intelligence | 通用人工智能 | 2018年 | | | | | | | 10年以上 |
| 4D Printing | 4D打印 | 2018年 | | | | | | | 10年以上 |
| Knowledge Graphs | 知识图谱 | 2018年 | | | | | | | 5~10年 |
| Neuromorphic Hardware | 仿神经设备 | 2018年 | | | | | | | 5~10年 |
| Blockchain for Data Security | 数据安全区块链技术 | 2018年 | | | | | | | 5~10年 |
| Exoskeleton | 外骨骼 | 2018年 | | | | | | | 10年以上 |
| Edge AI | 边缘智能 | 2018年 | 2019年 | | | | | 2~5年 | 5~10年 |
| Autonomous Driving Level 5 | 完全自动驾驶（5级自动驾驶） | 2018年 | 2019年 | | | | | 10年以上 | 10年以上 |

续表

| 英文名称 | 中文名称 | 启动期 | 泡沫期 | 低谷期 | 爬升期 | 高原期 | 2020年高原期预期 | 2019年高原期预期 | 2018年高原期预期 |
|---|---|---|---|---|---|---|---|---|---|
| Conversational AI Platform | 对话式 AI 平台 | 2018年 | | | | | | | 5～10年 |
| Self-Healing System Technology | 自我修复系统技术 | 2018年 | | | | | | | 5～10年 |
| Volumetric Displays | 立体显示 | 2018年 | | | | | | | 10年以上 |
| 5G | 5G | 2018年 | 2019年 | | | | | 2～5年 | 2～5年 |
| Quantum Computing | 量子计算 | 2018年 | | | | | | | 5～10年 |
| AI PaaS | AI PaaS | 2018年 | 2019年 | | | | | 5～10年 | 5～10年 |
| Deep Neural Network ASICs | 深度神经网络集成电路 | 2018年 | | | | | | | 2～5年 |
| Smart Robots | 智能机器人 | 2018年 | | | | | | | 5～10年 |
| Autonomous Mobile Robots | 自主移动机器人 | | 2018年 | | | | | | 5～10年 |
| Brain-Computer Interface | 脑机接口 | | 2018年 | | | | | | 10年以上 |
| Smart Workspace | 智能办公 | | 2018年 | | | | | | 5～10年 |

续表

| 英文名称 | 中文名称 | 启动期 | 泡沫期 | 低谷期 | 爬升期 | 高原期 | 2020年高原期预期 | 2019年高原期预期 | 2018年高原期预期 |
|---|---|---|---|---|---|---|---|---|---|
| Biochips | 生物芯片 | | 2018年 | | | | | 5～10年 | 5～10年 |
| Digital Twin | 数字孪生 | | 2019年 | | | | | | 5～10年 |
| Deep Neural Nets (Deep Learning) | 深度神经网络（深度学习） | | 2018年 | | | | | | 2～5年 |
| Carbon Nanotube | 碳纳米管 | | 2018年 | | | | | | 5～10年 |
| IoT Platform | 物联网平台 | | 2018年 | | | | | | 5～10年 |
| Virtual Assistants | 虚拟管家 | | 2018年 | | | | | | 2～5年 |
| Silicon Anode Batteries | 硅阳极电池 | | 2018年 | | | | | | 5～10年 |
| Blockchain | 区块链 | | 2018年 | | | | | | 5～10年 |
| Connected Home | 智能家居 | | | 2018年 | | | | | 5～10年 |
| Autonomous Driving Level 4 | 高度自动驾驶（4级自动驾驶） | | | 2018年 2019年 | | | | 10年以上 | 10年以上 |
| Mixed Reality | 混合现实 | | | 2018年 | | | | | 5～10年 |
| Smart Fabrics | 智能纤维 | | | 2018年 | | | | | 5～10年 |

续表

| 英文名称 | 中文名称 | 启动期 | 泡沫期 | 低谷期 | 爬升期 | 高原期 | 2020年高原期预期 | 2019年高原期预期 | 2018年高原期预期 |
|---|---|---|---|---|---|---|---|---|---|
| Augmented Reality | 增强现实 | | | 2018年 | | | | | 5～10年 |
| Immersive Workspaces | 沉浸式工作空间 | 2019年 | | | | | | 5～10年 | |
| AR Cloud | AR云 | 2019年 | | | | | | 5～10年 | |
| Decentralized Web | 去中心化网络 | 2019年 | | | | | | 10年以上 | |
| Generative Adversarial Organization | 对抗生成网络 | 2019年 | | | | | | 5～10年 | |
| Adaptive ML | 自适应机器学习 | 2019年 2020年 | | | | | 5～10年 | | |
| Digital Ops | 数字运营 | 2019年 | | | | | | 5～10年 | |
| Decentralized Autonomous Organization | 去中心化自治组织 | 2019年 | | | | | | 5～10年 | |
| Nanoscale 3D Printing | 纳米级3D打印 | 2019年 | | | | | | 10年以上 | |
| Augmented Intelligence | 增强智能 | 2019年 | | | | | | 2～5年 | |

续表

| 英文名称 | 中文名称 | 启动期 | 泡沫 | 低谷期 | 爬升期 | 高原期 | 2020年高原期预期 | 2019年高原期预期 | 2018年高原期预期 |
|---|---|---|---|---|---|---|---|---|---|
| Transfer Learning | 迁移学习 | 2019年 | | | | | | 5~10年 | |
| Emotion AI | 情感人工智能 | 2019年 | | | | | | 5~10年 | |
| Light Cargo Delivery Drones | 轻型货运无人机 | 2019年 | | | | | | 5~10年 | |
| Synthetic Data | 合成数据 | 2019年 | | | | | | 5~10年 | |
| Personification | 人格化 | 2019年 | | | | | | 5~10年 | |
| Explainable AI | 可解释的人工智能 | | 2019年 | | | | | 5~10年 | |
| Low-Earth Orbit Satelite System | 近地轨道卫星系统 | | 2020年 | | | | | 5~10年 | |
| Edge Analytics | 边缘分析 | | 2019年 | | | | | 2~5年 | |
| Graph Analytics | 图表分析 | | 2019年 | | | | | 5~10年 | |
| Next-Generation Memory | 下一代存储器 | | | 2019年 | | | | 5~10年 | |

续表

| 英文名称 | 中文名称 | 启动期 | 泡沫期 | 低谷期 | 爬升期 | 高原期 | 2020年高原期预期 | 2019年高原期预期 | 2018年高原期预期 |
|---|---|---|---|---|---|---|---|---|---|
| 3D Sensing Cameras | 3D传感摄像机 | | | 2019年 | | | | 2~5年 | |
| Authenticated Provenace | 验证出处 | 2020年 | | | | | 5~10年 | | |
| AI-Assisted Design | 形成性人工智能 | 2020年 | | | | | 5~10年 | | |
| DNA Computing and Storage | DNA计算和存储 | 2020年 | | | | | 10年以上 | | |
| Low-Cost Single-Board | 低成本单一卡 | 2020年 | | | | | 2~5年 | | |
| Self Supervised Learning | 自我监督学习 | 2020年 | | | | | 5~10年 | | |
| Health Passport | 健康护照（健康码） | 2020年 | | | | | 2年以内 | | |
| 2-Way BMI (Brain Machine Interface) | 双向脑机接口 | 2020年 | | | | | 5~10年 | | |

续表

| 英文名称 | 中文名称 | 启动期 | 泡沫期 | 低谷期 | 爬升期 | 高原期 | 2020年高原期预期 | 2019年高原期预期 | 2018年高原期预期 |
|---|---|---|---|---|---|---|---|---|---|
| Generative Adversarial Networks | 对抗生成网络 | 2020年 | | | | | 5~10年 | | |
| Biodegradable Sensors | 可生物降解传感器 | 2020年 | | | | | 10年以上 | | |
| Differential Privacy | 差分隐私 | 2020年 | | | | | 5~10年 | | |
| Private 5G | 私人5G | 2020年 | | | | | 5~10年 | | |
| Social Data | 社会化数据 | 2020年 | | | | | 5~10年 | | |
| Composite AI | 复合人工智能 | 2020年 | | | | | 2~5年 | | |
| Generative AI | 生成性人工智能 | 2020年 | | | | | 2~5年 | | |
| Packaged Business Capabilities | 打包业务能力 | 2020年 | | | | | 2~5年 | | |
| Multiexperience | 多维体验 | 2020年 | | | | | 5~10年 | | |
| Responsible AI | 负责任的人工智能 | 2020年 | | | | | 5~10年 | | |
| AI Augmented Development | 人工智能增强开发 | 2020年 | | | | | 5~10年 | | |

续表

| 英文名称 | 中文名称 | 启动期 | 泡沫期 | 低谷期 | 爬升期 | 高原期 | 2020年高原期预期 | 2019年高原期预期 | 2018年高原期预期 |
|---|---|---|---|---|---|---|---|---|---|
| Composable Enterprise | 可组合企业 | | 2020年 | | | | 2~5年 | | |
| Data Fabric | 数据编制 | | 2020年 | | | | 5~10年 | | |
| Embedded AI | 嵌入式人工智能 | | 2020年 | | | | 2~5年 | | |
| Secure Access Service Edge (SASE) | 安全访问服务边 | | 2020年 | | | | 5~10年 | | |
| Social Distancing Technologies | 社交距离技术 | | 2020年 | | | | 2年以内 | | |
| Carbon-Based Transistors | 碳晶管 | | | 2020年 | | | 5~10年 | | |
| Bring Your Own Identity | 自备身份 | | | 2020年 | | | 2~5年 | | |
| Ontologies and Graphs | 本体模型和图谱 | | | 2020年 | | | 2~5年 | | |

# 世界主要创新国家科技创新发展情况

## B.1 全方位创新合作推荐国别重点情况

### 1. 美国

美国是联合国、世界贸易组织、世界货币基金组织、世界卫生组织、亚太经合组织、北大西洋公约组织的重要成员。美国在《2020 年全球创新指数》《2019 年全球创新指数》中两年均排名全球第三；在 2015 年和 2016 年,美国国家创新竞争力及创新竞争力各要素在 G20 中始终排名第一。

美国在特朗普执政期间带来的诸多变化对美国科技发展产生了一定的负面影响,但作为世界科技强国和全球创新巨擘,美国拥有的长期霸主地位却非短期的政府更替、政策变化能轻易撼动的。2017 年美国整体科技创新仍然呈现出强劲发展势头,2008—2015 年年均增长 1.4%,2014 年和 2015 年美国研发投入占 GDP 的比重均为 2.73%。2015 年美国研发总投入达 4951 亿美元。同时,美国在基础科学领域成果丰硕,在 2017 年诺贝尔物理学、化学、医学、经济学四大科学奖项的 10 位获奖人中,美国占据 8 席,独占鳌头。其中荣获物理学奖的 3 位科学家所领导的 LIGO 项目,是美国国家科学基金会持续支持 40 年的成果。

美国在 80 个技术领域位居首位,而其最主要的优势领域体现在军事、国家安全、经济、能源、医疗健康 5 方面。

(1)在军事方面,美国联邦政府研发投入的第一要务是保证美国军队拥有最领先的技术,以面对日益增长的多方面潜在威胁。其中包括导弹防御能力、高超音速武器与防御系统、智能天基系统、可靠微电子、未来计算能力等。联邦政府大力鼓励具有军民两用潜力的技术向民用方向转化。

(2)在国家安全方面,联邦政府要求加强研发,应对自然和人为带来的威胁,预防恐怖袭击,加强边境安全。重点投入的方面包括加强物理基础设施承受物理攻击和网络攻击的安全性和恢复能力,构建强大的海陆空边境检测与执法能力以阻止违禁物品和放射性物品走私等。

(3)在经济方面,联邦政府长期对于科研的投入同样对经济的增长发挥着关键作用,促进产生新的行业,重点关注如无人系统、生物计量、能源存储等技术领域的发展。

(4)在能源方面,持续、长期低成本的能源供给对美国的能源独立与安全至关重要,并能刺激经济发展。美国对此极为关注,目前美国的清洁能源包括化石能、核能、可再生能源等各种类型。

(5)在医疗健康领域,美国致力于在改善人民健康状况的同时降低医疗成本。联邦政府在预防、治疗疾病的创新生物医疗项目中加大投入,保持美国在医疗领域的世界领导地位。特别关注的领域包括老龄化人口相关问题,应对药物滥用及其他公共卫生挑战,以及为新的研发领域开发新的工具与技术。

中美关系被称为 21 世纪最重要的双边关系。2011 年的《中美联合声明》确认中美双方将共同努力,建设互相尊重、互利共赢的中美合作伙伴关系。创新早已成为中美科技企业的共通点,也是两国合作的重要基础。通过科技创新领域的交流合作,聚众智、汇众力,实现中美两国互利共赢。近年来,科技创新合作已成为中美双边关系的重要基石。2016 年,两国续签了《中美科技合作协定》,在这一协定的框架下,中美双方通过科技合作联委会、创新对话等政府间合作机制分享彼此最佳实践,扩大互利共赢,开展了务实有效的合作,在清洁能源、农业科技等领域都取得了丰硕的成果。中美清洁能源联合研究中心政府间合作项目从 2018 年开始,在国家重点研发计划"政府国际间科技创新合作"、港澳台科技创新合作重点专项2018年度第二批项目申报指南中呈现,项目经费为4700万元。该项目在2019年再度开展,围绕建筑节能、清洁汽车技术、煤的更清洁利用(包括碳捕获封存技术)3个领域展开,经费也增至1.5亿元。在2018年,中美双方政府间合作项目围绕农业、环境科学、医药卫生、能源、生命科学、应用物理、地球科学(含海洋、大气、地震科学)等多个领域展开,包含65个项目,项目经费为1.8亿元。该项目在2019年再度开展。

## 2. 英国

英国的主要工业领域包括采矿、冶金、化工、机械、电子、电子仪器、汽车、航空、食品、饮料、烟草、轻纺、造纸、印刷、出版、建筑等。其中药物、电子和光学设备、人造纤维和化工产品等制造业实力雄厚。生物医药、航空和国防等领域是英国工业研发的重点,也是最具创新力和竞争力的行业。在科研方面,英国实力雄厚,涉及领域广泛。

在2020年、2019年的《全球创新指数》排名中,英国分别位列第四、第五位,国家创新竞争力及各相关要素在此前四年中一直位列G20国家前列。在航空航天、化工、制药、生物技术、电信、电子、软件和环保等关键技术领域,处于全球领先地位。

英国航空航天产业具有较高的研发及制造水平,是世界上使用航天数据和技术极多的国家之一,占全球市场份额的13%,排名第二。英国主要的航空航天企业有英国宇航公司(BAE Systems)、罗尔斯·罗伊斯公司(Rolls-Royce)、空客英国公司(Airbus UK)、庞巴迪英国公司(Bombardier Aerospace)、史密斯公司(Smiths Aerospace)、Thales公司等。

英国生物技术产业居全球第二。目前欧洲三分之一的生物技术公司位于英国,包括在抗体药物开发方面居世界领先地位的剑桥抗体技术公司(Cambridge Antibody Technology)、为动物提供化学药物产品和疫苗的Merial公司、传染病疫苗开发的Acambis公司、在家畜遗传领域具有优势的Genus公司、从事医药诊断的Randox Laboratories实验室等。英国生物技术的基础性研究主要由政府机构和维尔康信托基金会(Wellcome Trust)

资助。

英国是世界五大制药业强国之一。据英国制药工业协会（ABPI）的报告，全球前 100 位处方药的五分之一在英国研发。在全球前十大制药企业中，英国拥有葛兰素史克公司（Glaxo Smith Kline）和阿斯利康公司（Astra Zeneca），分别位居第二和第七，全球市场份额分别为 6.3％ 和 4.2％。

2020 年 7 月 1 日，英国政府发布了《英国研发路线图》（UK Research and Development Roadmap），旨在通过加大科学基础设施投入、减少不必要的繁文缛节和吸引全球人才等措施，提升本国的科研实力，实现巩固英国的世界领先科学大国的愿景。

路线图的主要举措包括：

（1）政府拟投入 3 亿英镑提升本国的科学基础设施，为研究人员提供良好的设备和资源；

（2）设立"人才办公室"，加强全球顶尖人才的引进；

（3）建立新的创新专家组审查和改进政府资助方式，确保研究的经济和社会效益；

（4）为企业提供大规模创新基金，保障产业发展；

（5）促进国际科研合作；

（6）寻求达成公正、平衡的欧盟参与协议，与欧洲保持研发伙伴关系。

2017 年 12 月 6 日，中英高级别人文交流机制第五次会议在伦敦召开，在时任国务院副总理刘延东与英国约克公爵安德鲁王子的见证下，时任中国科技部党组书记、副部长王志刚与英国科学国务大臣乔·约翰逊正式签署了两部间《科技创新合作备忘录》，发布了中英科技创新合作战略。这是首个中国与其他国家联合制定的双边科技创新合作战略，标志着两国在近40 年科技创新合作基础上迈上了新的台阶。

## 3. 德国

德国是一个高度发达的资本主义国家，是欧洲四大经济体之一，也是欧盟、经济合作与发展组织、世界贸易组织和联合国的重要成员。在《2020 年全球创新指数》排名中，德国位列全球第九。2015 年和 2016 年，德国国家创新竞争力在 G20 中排位维持不变,始终排名第二。

德国注重构建面向未来的科研体系,建立以高校为核心的多元化科学体系,在成立行业科研机构、开展创新体系评估、支持中小企业创新、完善法律法规等方面采取重点措施,推动科技发展。据统计,德国联邦政府、企业及学术界对科研投入早在 2014 年就已达到约 840 亿欧元,总研发投入约占GDP 的 2.9%,位居欧洲之首。联邦教研部是支配科研经费的主体,支配联邦层面 59.92% 的研发经费,其他 10 余个联邦部门支配比例合计约 40%。另据德国联邦统计局的数据,2014 年德国研发领域从业人员数量首次超过 60万人。对科研的重视及大量的研发投入确保了德国创新力的持续增长。

德国在汽车制造、机械制造、化工与制药、电气电子等领域拥有世界前沿技术。德国汽车工业历史悠久,汽车技术高端先进。德国汽车生产企业高度重视研发,不断提高核心竞争力,德国汽车生产商每年申报约 3000 个专利,使德汽车工业保持世界领先地位。

机械制造是德国的另一张王牌,“德国制造”已成为世界市场上“质量与信誉”的代名词。德国在驱动技术机械、材料处理机械、农业机械、食品及包装机械、压缩气压及真空技术机械、精密仪器、加工机械、液压泵、液压设备、塑料及橡胶机械、印刷机械及造纸技术设备、纺织机械、测量机械、工业炉和冶金设备、木材加工机械、建筑机械、清洁机械、民用航空技术设备、阀门及管件、机床、电力消防器材和设备等领域领先全球。德国是世界化学工业的先锋,无论是特种及精细化工品、聚合物药物产品、石化及衍生物、洗涤类产品、无机基础化学品、农用化学品,还是最早的煤化工技术,无一不与这个国家有着紧密联系。在 2017 年全球十大化工企业中,德企占据 3 席,其中巴斯夫(BASF)名列第一。德国研发总支出中的 9% 来自化学工业,全德国一半的化工企业都在向国外销售产品,而 80% 的德国化工企业能保证每 3 年向市场提供至少 1 个创新产品。德国化工工业的三大优势领域是基础有机化学品、初级塑料产品及药品。这 3 个产品领域都占到德国化工生产总量的15%~20%。德国的电气电子行业同样实力雄厚。德国该行业基础扎实,覆盖全面,即使是与美国比较,仍是不遑多让。德国 2018 年全年电气电子行业销售额近 2000 亿欧元,增长率近 2%,创该国乃至欧洲的最高纪录。截至目前,德国电气电子行业规模已跃居欧洲第一位,可制造 10 万种以上的产品,包括但不限于汽车、通信、自动化、电子元件等领域。而作为德国的硅谷,位居该国萨克森州的德累斯顿市以其优良的科研环境和强大的技术实力,承担着全欧三成以上的芯片生产工作,已跻身世界五大半导体产业集群。

中德于 1972 年 10 月 11 日建交。近年来,两国高层互访频繁,双边关系发展水平不断提升。在科技合作方面,1978 年 10 月,中德两国签署了《中华人民共和国和德意志联邦共和国政府科技合作协定》,为开展政府间科技合作奠定了基础。在两国政府和科技部门的共同努力下,中德双边科技合作不断发展、逐渐成熟,双边合作涵盖航空航天、信息通信、激光技术、制造技术、生物技术、可持续发展等领域。特别是近年来,中德双边科技合作稳步发展,两国间高层互访频繁,部门间与研究机构间交流活跃,中国与德国在多个技术领域开展了政府间合作,包括中德智能制造(工业 4.0)科技合作项目、中德电动汽车科技合作项目、中德抗生素耐药性科技合作项目、中德气候变化基础研究相关科技合作项目等。

## 4. 韩国

韩国于 1996 年加入经济合作与发展组织(OECD),同年成为世界贸易组织(WTO)创始国之一。1997 年亚洲金融危机后,韩国经济进入中速增长期。

在《2020 年全球创新指数报告》中,韩国排名第十,成为第二个进入前十的亚洲国家。韩国在研发支出、研究人员和 PCT 专利申请量方面保持世界领先地位。此外,韩国有 3 个科技集群进入百强,其中首尔排名全球第三。

韩国是典型的采用以政府主导推动创新驱动发展模式的亚洲国家,政府主要通过宏观战略指导与协调、税收优惠政策支持、技术研发资金支持、成果推广支持等手段推进和完善国家创新系统。2017 年文在寅政府上台后,提出"创新成长"发展理念,制定"四次产业革命"发展战略,明确未来 5 年科技产业发展目标与内容,并通过改革科技管理体制,大幅强化科技管理职能,进一步凸显科技在创新发展中的重要地位。改革措施包括:韩国科技主管部门未来创造科学部更名为科学技术信息通信部,并增设次官级(副部长级)科学技术创新本部(简称创新本部),赋予其科技经费分配权,科技发展战略规划、审议及研发成果管理等重要职能;成立国家科学技术咨询会议,直属总统;原中小企业厅升格为中小企业部,成为正部级机构,并将原属未来科学创新科学部负责的创新创业业务转至该部,全面负责中小企业创新创业。新政府拟通过发展大数据、人工智能、物联网及下一代通信技术与产业,挖掘经济增长新动能,推动经济发展。

韩国是技术强国,靠工业起家,其工业水平在世界范围内属于第一梯队,在不少关键技术领域都位居世界前列,尤其在半导体、造船、高速互联网等领域。

三星公司奠定了韩国半导体产业在全球的领先地位。2017 年,三星公司将英特尔挤下全球半导体营收龙头的宝座。自 20 世纪 80 年代三星公司建立半导体研究与开发实验室起至今,从一无所有逐渐生长为半导体产业之林的巨擘。韩国的半导体产业从产业转移开端,在政府主导下,发展出自有品牌。在韩国发展半导体产业的过程中,韩国政府对于产业的支持力度非常强,研发时大力投入,产出后进行保护。1994 年,韩国推出了《半导体芯片保护法》。此后,韩国政府还指定芯片产业及技术为影响国家竞争力的核心技术,致力于高度保护技术及产权。在韩国的半导体产业进入全球半导体产业的第一梯队后,韩国仍希望保持其自身的优势,不仅通过"BK21"及"BK21+"等计划对大学、专业或研究所进行精准、专项支援,还在 2016 年推出半导体希望基金,向半导体相关企业进行投资,聚焦新技术的开发,尤其是存储新技术方面。这一系列的政策也基本延续了"政府+大财团"的产业政策,鼓励企业及大学间的合作,为芯片产业培养人才,以维持韩国在半导体产业上的优势。

20 世纪 90 年代以来,韩国造船工业迅速崛起,改变了世界造船业的格局。韩国造船竣工量在 1980 年仅 52 万吨,到 2000 年创下了 1222 万吨载重(占世界总量的 40%),成为世界最大造船国,其造船技术领先全球。韩国主要承揽大型集装箱船、LNG 船、海洋工程高附加值船舶及海洋设备。衡量造船工业水平要看最有难度的船能不能造,世界公认最具难度的船舶依次是

LNG 船（液化天然气）、航母、豪华邮轮，而韩国的强项就是建造 LNG 船，LNG 船也被称为"海上超级冷冻车"，该船要求在 −162℃ 的低温下运输液化气，其建造难度也是最高的。韩国三大造船厂：现代重工、大宇造船和三星重工皆可以制造 LNG 船，也正是这些大公司牢牢把握着韩国的造船技术，全球 70% 的 LNG 船订单都交给了韩国，目前一艘 LNG 船的造价在 2 亿美元左右。

韩国的高速互联网服务闻名世界，连续十多年蝉联全球网速第一，韩国网速是中国的 6.5 倍，是美国的 2 倍。韩国的宽带普及率约为 95%，公共 Wi-Fi 非常多，是一个完全数字化的国家。早在 2011 年年末，韩国全国高速网络覆盖率已经达到 100.6%，将美、德、英等国远远甩在了身后，其网络覆盖率也略高于欧洲一些国家（其中瑞典 98%，芬兰 87.8%），另一亚洲国家日本则稍低（82.4%），但三者均低于韩国。

中韩自 1992 年 8 月 24 日建交以来，两国友好合作关系在各个领域都取得了快速发展。政治上，两国领导人经常互访或在国际多边活动中会晤，增进了相互理解和信任，推动了两国关系发展。经济上，两国互利合作不断深化，互为重要贸易伙伴，在文化、教育、科技等领域的交流与合作日益活跃。两国在地区及国际事务中保持密切协调与合作。1998 年，时任韩国总统金大中访华，双方宣布建立面向 21 世纪的中韩合作伙伴关系。2003 年，时任韩国总统卢武铉访华，双方宣布建立中韩全面合作伙伴关系。2008 年 5 月，时任韩国总统李明博访华，双方宣布建立中韩战略合作伙伴关系。2014 年 7 月，习近平主席访韩，双方宣布中韩努力成为实现共同发展的伙伴、致力地区和平的伙伴、携手振兴亚洲的伙伴、促进世界繁荣的伙伴。2017 年 12 月，时任韩国总统文在寅访华，双方就推动中韩关系改善发展、加强在朝鲜半岛等国际地区问题上的沟通合作深入交换意见，达成了许多重要共识。

中国在韩国釜山、光州、济州设有总领事馆，韩国在中国上海、青岛、广州、沈阳、成都、西安、武汉和香港设有总领事馆，在大连设有领事办公室。双方共建立 190 对友好省市关系。双方友好团体有中韩友好协会、韩中友好协会、韩中文化协会、21 世纪韩中交流协会、韩中经营人协会、韩中亲善协会等。

## 5．法国

法国是高度发达的资本主义国家，是欧洲四大经济体之一，也是联合国安理会五大常任理事国之一。全球创新指数 GII 排名 12（2020 年）。

法国科学技术发展的总体水平居世界前列，法国政府一直坚持国家主导科技发展，瞄准世界前沿科技，及时调整部署科技发展战略。在独立自主地建设与发展科技创新体系的过程中，基于国内外科学技术发展所面临的新机遇、新挑战，以及各创新主体角色定位变化不断优化调整政府管理部门。目前的法国国家科技创新体系由 5 个层次组成：决策层、咨询层、资助层、执行层和评估层。

2000—2015 年，法国基础研究经费占 GDP 的比重均高于其他国家，持续稳定在 0.5％左右。其中，2013 年法国用于基础研究的经费为 115.16 亿欧元，约占研发总经费的 24.3％；2014 年增长到 116.87 亿欧元，约占 R&D 总经费的 24.4％。2017 年法国高等教育、研究与创新部的统计数据显示：2015 年法国科技论文数量世界排名第七位，在欧洲专利体系中排名第四位（占申请登记数的 6.3％）。自 1901 年设立诺贝尔奖以来，法国有 33 人次获自然科学领域的诺贝尔奖；此外，有 12 人次获数学领域的菲尔兹奖。

法国是发达的工业国家之一，在核电、航空、航天和铁路方面占据世界领先地位。

法国已形成基础比较雄厚、技术比较先进、结构比较完整的教学、科研、设计和生产基本配备的航空航天体系。航空工业是法国出口贡献率最高的产业，七成营业额来自国际市场。法国航空产业每年将营业额的 17％用于研发。

民用核电占据世界领先地位，法国阿海珐（AREVA）公司在芬兰建设的世界首座第三代压水核反应堆（EPR）电站已完全突破了技术障碍。阿海珐在中国建设的广东台山 1 号机组于 2018 年 12 月进入商业运营，2 号机组于 2019 年 9 月正式投入商业运营。这些项目的实施，进一步巩固了法国在核电领域的优势地位。除了第三代核电技术的开发，法国还积极参与第四代核电技术(G4)和可控热核聚变能(ITER)的研究,并计划于2035年前后完成第四代反应堆的开发。此外,法国在与民用核电站发展相配套的原料供给、核废料处理等服务方面也具有极强的技术优势。目前,中法在推进阿海珐和中国核工业集团(CNNC)签署的建造乏燃料处理厂建造项目。

法国是欧洲高速列车的先驱。1981年法国就有了高速列车。2007年,巴黎至斯特拉斯堡高铁线进行试行通车时,创下了最高时速574km的纪录。法国高铁的多项标准一度成为欧洲高铁技术的基础,对欧洲高铁网络的发展产生了巨大影响。法国阿尔斯通运输公司自主开发的第四代高速列车AGV与TGV相比,其动力更加强劲,AGV最大的特点是采用了动力分散牵引方式,而非TGV的集中牵引方式,变原来的前后两点为多点推动,并在动力分散车型中采纳了牵引电机的最新技术成果——永磁电机,大大增加了电机比重功率。AGV继承了TGV独有的铰接式车体连接方式,相连车厢间以半刚性横向机械连接,从而可以有效避免列车脱轨、解体等恶性运行情况发生。法国高铁在以下3方面领先世界。第一个是信号系统。目前欧洲标准ERTMS是法国主导的,并且法国的三大信号商占有世界40%的市场份额。第二个是弓网,处于世界领先水平。第三个是牵引技术。直流牵引、励磁同步牵引、异步交流牵引及永磁同步牵引四代牵引技术均由法国开发,法国也是目前唯一成功将永磁同步牵引技术用于运营车辆的国家。

汽车制造产值占法国制造业的16%。标致雪铁龙、雷诺是世界知名汽车制造商。两大公司不断在汽车产品类型、发动机、汽车安全性能及节能环保方面加大研究力度。法国汽车零配件制造商是法国乃至欧洲汽车行业的重要支柱,在汽车动力总成、节能减排和电子新能源等方面具有独特经验和技术优势。

医药产业是法国经济的重要支柱之一,也是出口创汇较多的行业之一,约有1/3的药品向全球120多个国家和地区出口。代表性的企业是赛诺菲-安万特集团(Sanofi-Aventis),其业务遍布世界100多个国家。赛诺菲-安万特集团依靠其世界级的研发组织,开发创新的治疗方案,在心血管疾病、血栓形成、肿瘤学、糖尿病、中枢神经系统、内科学和疫苗七大治疗领域占据领先地位。施维雅(Servier)是法国第二大制药企业,在149个国家拥有国际业务,入围全球制药企业 50 强。集团将其 25% 的营业收入投入药品研发工作中,主要从事心脏病、肿瘤、风湿病、糖尿病和临床抑郁症等病症治疗药物的研发。施维雅有 92% 的药品在各国被用作处方药。

法国威立雅环境集团(Veolia)是全球三大水务集团之一,专注于废弃物管理、水务服务和能源管理三大环境服务和可持续发展的核心领域,为各国政府机构、地方机关集团、工业企业和城市提供全面高效的解决方案和服务。苏伊士环境集团(Suez Environment)是世界知名环境集团,致力于可持续发展,在水务和垃圾处理等公共事业中为用户提供崭新的管理方案,其业务处于世界领先水平。

中国一直将法国视为最重要的科技合作伙伴国之一。早在 1978 年 1 月签署的中法政府间科技合作协定是中国改革开放后与西方国家签定的第一个政府间科技合作协定。四十多年来,中法科技合作已发展为两国关系中不可或缺的重要组成部分。中法科技合作的内容十分广泛,涉及农业、生物技术、信息通信、环境、材料、能源、核能、交通、航空、空间、建筑、医药、海洋、化学、物理、天文学、林业、气象等诸多领域。

特别是近年来,双方在以下方面取得了实质性的合作进展:

(1)中法联合实验室。1997 年,中科院自动化所与法国国立信息与自动化研究院共同在北京成立了"中法信息、自动化与应用数学联合实验室"(LIAMA),这是中国与外国建立的第一个联合实验室。后来,中法又陆续成立了 50 多个联合实验室。为应对新发传染病的威胁,中法合作在武汉共建的高级别生物安全实验室更是双方合作的典范。

(2)中法产学研创新合作计划。科技部在与法国经济财政与就业部的合作框架下,与法国国家投资银行签署协议,启动了旨在鼓励两国企业,特别是中小型高新技术企业开展"产学研"创新领域的研发合作计划。双方共同遴选并资助了 10 个合作项目,并以研发合作为先导,带动了双方的经贸合作。

(3)中国高新区与法国竞争力集群合作。双方共同实施的中国高新区与法国竞争力集群的对接合作已顺利实施到第 6 个年头,双方通过定期举办中法创新论坛,为高新区和竞争力集群的高科技企业开展互利共赢的合作提供了高效的渠道。

（4）中法核电合作。

（5）中法航空合作。

（6）中法高速铁路合作。

（7）中法电动汽车合作。

（8）中法信息领域合作。

（9）中法肠道元基因组合作。科技部和法国科研署于 2006 年签署了《关于肠道元基因组的科研合作声明》，共同启动人体肠道元基因组计划。这是我国参加到国际人类微生物组联盟（IHMC）的重要项目，通过代谢组学和元基因组学技术监控人类健康，将中医药与现代医学结合起来。

（10）中法水资源合作。根据中央环境保护专项，重点对"三河三湖"及水污染的治理，2008 年，中法双方开始了在水资源领域的合作。2009 年，科技部与法国科研署共同签署了谅解备忘录，以促进两国科研团队在水质量、水资源管理和保护方面的联合研究。

## 6. 日本

日本发达的制造业是国民经济的支柱，其科研、航天、制造业、教育水平均居世界前列。在 2020 年的全球创新指数（GII）和全球竞争力排名中，日本分列第 16 位和第 34 位。积极开展国际科技合作与交流是日本科技基本政策之一。《第五期科学技术基本计划》（简称《计划》）将科技外交作为基本方针之一，强调要展开战略性的国际合作，助力《计划》提出的促进产业创新和社会变革、解决经济和社会发展的关键课题等四大战略目标的实现。双边方面，目前日本政府与中国、美国等 46 个国家及欧盟共签定了 32 个政府间科学技术合作协定。在协定框架下，开展研究人员交流、合作研究等多种形式的交流合作；定期召开联委会，听取合作活动报告，协商后续合作等。多边方面，日本积极参与各种多边的科技高层对话会议和包括国际热核聚变实验堆（ITER）计划、SUBARU 望远镜研究项目、国际脑科学计划在内的多边国际科技合作计划，以及中日韩等区域合作，这些计划在 2017 年都得到了有效推进。

2017年,日本继续推进第五期科技计划,根据政府制定的科技创新战略,着力推进建设超智能社会(Society 5.0),增强人才实力,推动大学及其科研经费管理体制改革。日本近年全社会研发投入总额有所下降,但其科技强国地位并未动摇。日本政府在深入分析未来经济社会前景的基础上,进一步强调科技创新的重要性,以未来的超智能社会需求为引导,强化科技创新统筹管理,力图通过科技创新破解老龄化等社会问题,在未来产业技术革命中把握先机。

2019年10月,日本文部科学省发布《面向知识密集型价值创造实现超智能社会以引领世界的科技创新政策研究中期报告》。报告指出,随着数字革命和全球化进程的发展,世界迎来了走向知识密集型社会的变革期。为适应社会发展范式的转换,在世界上率先实现超智能社会,日本应尽快构建新的知识密集型价值创造系统,通过科技创新,解决社会问题,为世界可持续发展贡献力量。报告对此提出四大目标方向:强化基础研究的卓越性和多样性、充分发挥大学和国立研究开发法人的作用、构建应对数字革命的新型科研体系、实现政策创新。

1996—2015年,日本全社会研发投入强度(研发投入/GDP)从2.69%增至3.28%,高于中国(同期从0.56%增至2.07%),也高于美国(同期从2.44%增至2.79%)。2015年,日本每百万人中有研发人员5230人(5%)。在汤森路透评选的全球创新百强企业中,2017年日本以39家企业排名第一。

日本的研发投入主要来自企业,55%的技术革新由中小企业完成。2017年企业研发投入占日本的80.7%。日本企业科技创新投入大,产出成果也显而易见。

日本发明专利质量较高,并且能切实转化为收益。发明专利授权率(授权数/申请数)近年来在60%左右,2013年峰值超过84%。2016年,全球有效发明专利共约1180万件,日本以266万件位居全球第一。在全球主要经济体中,只有美国和日本是技术净输出国。2016年,日本知识产权使用费顺差接近200亿美元。

在 2000—2016 年的 17 年间,17 名日本人获得诺贝尔奖,并且都是科学奖。

日本在以纳米及碳纤维材料为核心的尖端材料科学、电子元器件、以 IPS 细胞为核心的生物技术、节能、环境技术、新能源技术、数控高精度产业制造技术、低能耗汽车、信息通信、中微子、激光光源、核聚变、快中子堆、深海探测、智能电网、智能机器人、超导技术、超高纯(7N 以上)材大跨度抗震结构、智能交通、大功率火箭、农业育种及医疗护理等领域均处于世界领先水平。

日本政府将人工智能技术视为带动经济增长的"第四次产业革命"的核心尖端技术。2017 年 3 月,日本政府明确了实现人工智能产业化进程表,展示了分三阶段应用人工智能显著提高制造业、医疗和老人护理一线效率的构想。第一阶段是到 2020 年前后,完成全自动化工厂和农场技术,通过人工智能实现帮助新药研发,基于人工智能预测生产设备的故障;第二阶段为 2020—2030 年,实现全自动化的交通和物流,机器人具备多种功能,机器人之间能进行合作,实现可用于不同患者的新药开发,通过人工智能技术控制住宅和家电;第三阶段是 2030 年之后,护理老年人机器人成为家庭成员之一,普遍实现交通自动化和无人化。

日本的机器人技术较发达。日本经济产业省的数据显示,在工业机器人制造领域,发那科、安川电机和川崎重工等日本企业在全球拥有 50% 的市场份额。日本企业生产的精密仪器、伺服电机和感应器等零部件也拥有高达 90% 的市场份额。日本基于其机器人技术领先经验,在工业机器人技术上也拥有多项核心技术。现在日本的工业机器人水平,就处于"远距离作业型"和"智能型"这一阶段,日本下一代的机器人发展方向在于低成本、高速化、可靠性、网络化、视觉和触觉、高精度化等方面。在机器人领域,1915 年合资公司安川电机制作所成立,至今共生产了 50 多万台机器人产品,2005 年 4 月,该公司宣布投资 4 亿日元,建造一个新的机器人制造厂,该公司每月工业机器人生产能力达到 2000 多台,安川公司在全球申请的机器人相关专利超过 4500 件。日本发那科公司(FANUC)创建于 1956 年,是当今世界上数控系统科研、设计、制造、销售实力最强大的企业,研发人员占公司总人数的 1/3,1974 年,发那科工业机器人问世——基于伺服、数控基础,1976 年投放市场,发那科公司在全球申请的机器人相关专利超过 5500 件。

在钢铁冶金技术方面,日本已经领先了全球 30 年的时间,斩获了全球各项专利,展示出了日本的真正实力。这项技术得到了世界各国的重视,这是因为该技术应用范围很广,最明显的贡献就是在军事上,例如发动机涡轮风扇的应用。日本在 2019 年交付的 XF91 涡轮风扇发动机,其整体推力高达 11 吨,就连美国的 F119 矢量发动机都甘拜下风。此外,日本的钢铁冶金产业也能与上下游产业紧密结合起来。日本的钢厂在提供钢材时,会根据船厂的需求直接进行设计,避免边角料的浪费,从而降低成本。日本在该领域的三大企业分别为日本制铁企业集团、日本钢铁工程项目控股企业、神钢集团公司。

中日邦交正常化以后,双方于 1980 年签署《中华人民共和国政府和日本国政府科学技术合作协定》,建立起政府间的科技合作关系。此后,两国的科技交流与合作发展迅速,规模不断扩大,形成了多形式、多渠道、官民并举的局面。特别是在应用技术合作方面成绩显著,对我国的社会经济发展、科技进步起到了积极作用。中日政府间的科技合作主要包括:根据《中华人民共和国政府和日本国政府科学技术合作协定》开展的合作,在政府科技合作协定框架下两国政府部门的对口合作(包括部门间签署的合作协议等),通过日本国际协力机构(JICA)渠道的技术合作及《中华人民共和国政府和日本国政府和平利用核能合作协定》等。1994 年,双方在北京签定了《中华人民共和国政府和日本国政府环境保护合作协定》;2007 年,双方签署了《中华人民共和国政府和日本国政府关于进一步加强气候变化科学技术合作的联合声明》。除 2018 年的《关于建立中日创新合作机制的备忘录》之外,双方许多部门、地方、研究院所、大学也开展了各种形式的交流与合作,对促进两国科研人员的交流、开展合作研究等发挥了很好的作用。

## 7. 加拿大

在 2020 年、2019 年的《全球创新指数》排名中,加拿大均位列第十七,国家创新竞争力及各相关要素在此前四年中一直位列 G20 国家第五位,是西方七大工业化国家之一。加拿大的制造业和高科技产业发达,制造业、建筑、矿业构成了其国民产业经济的三大支柱,航空航天、高科技能源、核工业技术、生物技术、人工智能、机器人与无人机、汽车与机械等产业方面处于世界领先水平。

加拿大航空制造工业发达,是世界第三大飞机生产国,也是加拿大经济中研发最密集的产业之一。其航空工业80%的产品均出口海外市场。加拿大庞巴迪公司(Bombardier Limited)是仅次于美国波音和欧洲空客的世界第三大航空航天制造商。加拿大的支线飞机、商务机、商用直升机、飞机引擎、飞行模拟器、降落装置和太空系统等在全球市场处于领先地位。航天工业也是加拿大的优势产业,加拿大在地球观测、太空机器人、太空科技和探测、卫星通信等方面都有自己独到的优势。

加拿大的高科技能源业也十分发达,奉行高科技密集型原则,生产的是高科技油气,主要通过蒸汽辅助重力泄油(SAGD)等关键技术,将被认为不具有开采价值的资源转化为可开采的资源,目前加拿大是世界第五的石油出口国。核工业技术方面,虽然加拿大出口石油天然气,却大力提倡清洁能源。核工业也是加拿大的优势产业,拥有70多年的发展经验,加拿大是世界第二大铀供应国,在全球范围内的供应量约占16%以上,坎杜反应堆是世界公认的知名加拿大品牌。

加拿大生物技术产业已发展成为该国第二大高技术产业,其中生物医药、生物农业、生物能源、纳米技术是其优势领域。自2000年起,联邦政府每年为生物科技规范及管理体系提供3000万～3500万加元,用于完善生物科技管理体系,提高工作效率和生物科技水平,保障生物科学和产业健康发展。

加拿大人工智能的学术研究和产业化较强,于2017年制定了泛加拿大人工智能计划,力求打造世界人工智能中心。2018年已有60多个AI实验室、大约650家AI初创企业、40多个加速器和孵化器。加拿大在机器人与无人机技术方面,拥有各种工业机器人公司,代表公司有MDA(著名的太空手臂和空间探索公司)、Clearpath(多次入选全球最有影响力50家机器人公司)、Robotiq、Kinova、Kindred、Otto Motor、Titan Medical、Synaptive等。

根据 2007 年 1 月 16 日在北京签署的《中华人民共和国政府与加拿大政府科学技术合作协定》和 2007 年首届中加科技合作联委会精神,中加两国设立政府间科技合作基金,支持两国科研单位在共同的优先领域开展以产业化为导向的合作研究。

## 8. 澳大利亚

在 2020 年、2019 年的《全球创新指数》排名中,澳大利亚均位列第二十二,国家创新竞争力及各相关要素位列 G20 国家第八位。

在科技创新方面,澳大利亚更加关注科技创新在传统行业的应用。服务业为澳大利亚经济中最重要和发展最快的部分,也是澳大利亚的国民经济支柱产业。2017—2018 财年,服务业产值 1.45 万亿澳元,占澳大利亚国内生产总值的 76%,专业科技服务业是服务业中产值最高的行业之一。

未来,澳大利亚政府将创新作为促进国家繁荣的重要手段,创新和科学澳大利亚理事会于 2018 年年初发布《澳大利亚创新 2030》战略,全面促进创新发展,澳大利亚政府在战略中多次强调,要充分利用公共部门资源与国际开放合作,"到 2030 年,澳大利亚跻身世界创新型顶尖国家行列,以其卓越的科学、研究和商业化得到国际认可"。在技术领域方面,澳大利亚陆续发布人工智能、区块链路线图等具体发展计划,加强能力建设、科学开发、标准制定等,用于构建新产业、改造现有产业、创造新就业机会、应对重大挑战。

1980 年 5 月 6 日,中国与澳大利亚在堪培拉签定了中国和澳大利亚科技合作协定,以加强两国的友好关系和科学技术合作。2010 年,两国政府举办了协定签署 30 周年的庆祝活动。

## 9. 意大利

意大利是发达的工业国,欧洲第四大、世界第八大经济体。意大利的中小企业发达,被誉为"中小企业王国",中小企业数量占企业总数的 98% 以上。意大利始终积极参与几乎所有类型的国际科技合作项目。如 ITER 国际大型托克马克试验项目、国际太空站、人类基因组项目、南极考察项目等。

在意大利有很多国际组织,如设在罗马的国际粮农组织(FAO);设在的里亚斯特的国际基因工程和生物技术中心(ICGEB)、国际理论物理中心(ICTP)、第三世界科学院(TWAS)、国际科学与高技术中心(ICS)等。这些中心对意大利利用国际人才和国际舞台参与国际合作起到了非常重要的作用。意大利是 G20 集团的重要成员,2015 年和 2016 年,意大利国家创新竞争力以及创新竞争力各要素在 G20 中分别排名第九位及第十位,是 G20 国家中创新竞争力较强的国家。

2016 年 5 月 1 日,意大利政府批准通过了"2015—2020 年国家研究计划(NRP2015—2020)"。该计划是支持研究和创新的重要文件,是发展和提升国家产业竞争力的重要平台。该计划由教育大学科研部与科学界、学术界、经济部门和相关主管部门共同磋商起草,并得到意大利经济规划部际委员会(CIPE)的批准。根据该计划,意大利教育大学科研部将在头 3 年(2015—2017 年)为研究和创新投资 25 亿欧元,教育大学科研部分配给大学和研究机构的资金达到每年 80 亿欧元。

为支持企业创新,进一步促进经济增长和就业,提高意大利高科技行业的生产力,并帮助创业者增强承担经营风险的能力,2016 年 3 月,意大利经济发展部签署了两项针对创新型初创企业的法令:一个是让创新型初创企业投资者获得税收激励,另一个是使创新型初创企业更容易获得"担保基金"。

为了吸引欧盟外具有创新精神的创业者来意大利投资,意大利经济发展部与外交部、劳动部和内政部共同推出了"意大利初创企业签证政策",这是意大利吸引外资和高素质人力资本的一种战略手段。该政策用一种快速、集中、简化的在线机制,为打算在意大利创办创新型初创企业,或者作为股东加入已有的创新型初创企业的申请者发放工作签证。此外,政府还推出了"意大利初创企业枢纽计划",将上述提到的签证"快速通道"扩展至已经持有定期居留许可(如研究型定期居留许可),并且打算到期后留下来创办创新型初创企业的欧盟外公民。这样就可以将居留许可转换成一个"创新型初创企业家许可",在无须离开意大利的情况下,即可从对初创企业签证提供的简化措施中受益。在 2016 年 5 月 1 日通过的"2015—2020 年国家研究计划"(NRP 2015—220)中,基础研究被给予了极大关注,意大利教育大学科研部推出了"吸引ERC资助获得者"的专门行动,针对在意大利高校或公共研究机构开展ERC研究活动的研究人员,发布总金额为1000万欧元的项目征集活动。由候选人通过所在研究机构提交最佳项目,然后根据国家研究担保委员会设定的标准进行筛选。提交申请的首席研究员将有机会获得最高达5年期ERC项目总金额20%的项目资助(30万~60万欧元等,具体基于ERC项目的价值)。除了2016的项目征集外,教育大学科研部在2017年和2018年继续项目征集活动,每年的资助额提高到2000万欧元。

意大利在机械设备、汽车制造、生物医药、航天航空等领域居世界领先地位。

(1)2019年,意大利机械设备产业产值490亿欧元,同比增长1.1%,居全球第四位(欧洲第二位),出口额287亿欧元,主要出口国包括德国、美国、中国等,机器人产业是意大利机械制造业的精髓,市场规模大,研发实力雄厚。

(2)意大利汽车行业以菲亚特集团为代表,具备完整的汽车产业体系,在汽车设计、整车制造和发动机研发方面有其独到之处。汽车设计是意大利汽车工业的精华,不少享誉全球的经典车型和时髦跑车均出自意大利设计师的手笔,主要代表企业有宾尼法利纳集团(Pininfarina)和乔治·亚罗设计公司。

(3)2018年,意大利的制药业产值达322亿欧元,在欧盟国家中位居第一。目前,意大利制药业有200多家企业,雇员6.6万人,具有人力资源素质优秀、生产效率高、产业网络成熟、创新研发能力强等优势,也是少数在2008年经济危机后实现规模增长的行业。意大利制药业以中小企业为主,外资参与度高,产品主要面向国外市场,2008—2018年间实现了117%的增长,远超其他欧盟大国。医疗器械产业也是意大利医疗产业的重要组成部分。

(4)意大利在航空领域有其独到的技术与产品,如直升机传动系统及旋翼装置、ATR支线客机等。LEONARDO公司是意大利航空航天、国防、能源、运输和自动化领域的核心企业,其海上救护、近海石油平台作业用和军/警用直升机在国际市场上占有较大份额。

近年来,中国企业及金融机构积极参与意大利私有化进程,以并购、入股、合资等方式同意大利企业开展了良好合作,主要项目包括:中联重科以 2.71 亿欧元收购全球第三大混凝土机械制造商 CIFA 集团(2008 年)、山东重工(潍柴集团)以 3.74 亿欧元收购法拉帝(Ferretti)游艇公司 75% 股权(2012 年)、中国石油天然气集团公司以 42 亿美元收购埃尼集团(Eni)东非公司 28.57% 股权(2013 年)、国家电网斥资 21.01 亿欧元收购意大利存贷款银行全资能源网子公司 CDP RETI 35% 股权(2014 年)、上海电气以 4 亿欧元收购全球第四大燃气轮机制造商意大利安萨尔多能源公司 40% 股权(2014 年)、中国化工集团以 71 亿欧元收购倍耐力公司 26.2% 股权(2015 年)、苏宁控股集团有限公司以 2.7 亿欧元收购国际米兰 70% 股权(2016 年)。

两国于 1978 年签署中意政府间科技合作协定,成立中意科技合作混委会。2010 年 11 月,首届中意创新合作论坛在罗马召开,之后更名为中意创新合作周,每年在两国轮流举办,迄今已举办 11 届。2017 年 2 月,双方签署《中意面向 2020 的科技创新合作战略规划》。2018 年 2 月,中意联合研发的"张衡一号"电磁监测实验卫星成功发射,习近平主席和马塔雷拉总统共同致电祝贺。2019 年 3 月,两国科技主管部门签署《中意关于加强科技创新合作的谅解备忘录》。

## 10. 俄罗斯

俄罗斯是二十国集团(G20)成员国,并为金砖国家(BRICS)之一。在 2019 年和 2020 年的全球创新指数(GII)排行中,俄罗斯分别位列第 46 位、第 47 位,在 37 个中等收入经济体中居第 6 位。

近年来,俄罗斯政府一直在尝试对国家科技管理体制进行改革,以走出自苏联解体以来国家科技发展陷入低迷的困局,改善科技创新领域现状,出台了《俄罗斯联邦 2020 年前创新发展战略》《俄罗斯联邦 2013—2020 国家科技发展计划》《俄罗斯联邦科技发展战略》等重要文件。2000—2017 年,俄罗斯全社会研发投入从 105 亿美元上升到 423 亿美元,也体现了对科技研发的高度重视和活跃的社会创新氛围。

2018 年 5 月,俄罗斯批准了新一届政府组成机构,其中设立联邦科学和高等教育部,负责国家科学、科技和创新活动,并管理俄罗斯科学院。同时,为了使科研能力有效转化为现实生产力、建立产学研合作的技术创新体系,俄罗斯政府实行了一种被称作"发展机构"的运作机制,由一批具有投资能力的机构,通过使用政策杠杆将国有资本与民间资本有效结合,以设立基金提供投融资服务与基础设施服务的方式,培育和扶持科技研发、成果转化、生产应用、市场推广等活动,具体包括俄罗斯自治非商业性机构项目推进战略计划署、俄罗斯对外经济银行、俄罗斯风险投资公司、俄罗斯纳米技术公司、莫斯科证券交易所创新与投资市场、俄罗斯技术开发基金、新技术开发及商业化发展基金(斯科尔科沃基金)、促进科技型小企业发展基金8家机构。

此外,俄罗斯政府也通过出台一系列政策支持科技园和孵化器的发展,帮助科技园区内的创新创业活动发展,实现科技创新体系的有效循环。根据俄罗斯科技园协会统计,俄罗斯目前共有70多个成规模的科技园区,重点包括莫斯科大学科技园、新西伯利亚阿卡杰姆戈罗多克科技园、斯科尔科沃创新中心等;重点孵化器有俄罗斯国家研究型高等经济大学孵化器、英格利亚商业孵化器。

2016年12月发布的俄罗斯联邦科技发展战略提出了新的国家政策模式,2018年5月签发的关于2024年前俄罗斯联邦国家发展目标和战略任务的204号总统令对此进一步予以完善。该发展战略首次确定了七大科技发展重点,包括数字化产业、清洁能源、国家安全、新药创造、生态农业、交通与基础设施,以及为了更好地应对挑战的未来产业。

目前俄罗斯的重点优势技术领域包括军工、航空航天、光学、材料学、先进制造、信息通信、生命科学和基地探索领域。以军工产业为例,根据世界武器贸易分析中心的数据,俄罗斯的常规武器销售额仅次于美国,位居世界第二,2018年俄罗斯武器出口超过145.8亿美元,其军工企业接受的产品订单额超过550亿美元;此外,继承了苏联航天产业90%资产的俄罗斯在载人航天、地球遥测、卫星通信、深空探索等领域的能力也十分突出,占据了全球每年约3000亿美元的航天产值中约3%的市场份额。

中俄两国在一系列重大国际和地区问题上立场相同或相近,保持密切沟通和合作,于1992年签署《科技合作协定》,通过中俄总理定期会晤委员会科技合作分委会、中俄创新对话等机制推动在科技领域开展合作计划和项目,就在新材料、智能交通、能源技术、人工智能等领域开展互利务实合作达成共识。此外,中俄两国作为金砖国家成员,于2015年签署《金砖国家科技创新合作谅解备忘录》,在金砖国家科技创新框架计划下,围绕金砖国家重点合作领域开展多边联合研究活动。

## 11. 印度

印度是二十国集团(G20)成员国,并为金砖国家(BRICS)之一。在2019年和2020年的全球创新指数(GII)排行中,印度分别位列第52位、第48位,是29个中等偏下收入经济体中的第3位,在10个中亚和南亚地区经济体中居第1位。

近年来,印度政府不断强化科技创新的协调管理,从而加强科技创新管理的统筹力度,其中最有代表性的就是将科技部部长提升为副总理(国务委员)级,以强化科技部的职能,凸显新形势下印度政府对科技工作及科技引领经济社会发展的高度重视。其次,是成立了"国家创新委员会",委员会主席是印度总理的公共信息基础设施和创新顾问,委员会成员则来自学术界、研究机构和产业界,其使命是推动创新成果实现商业化和规模化生产,并负责制定"印度十年创新路线图",帮助建立适当的框架,以推动印度的创新发展。

印度国家创新委员会还与印度中小微企业部、地方政府以及技术产业研究部门联合创建医学、粮食加工、竹业、汽车零件、铜器、家具、生命科学等产业集群中心,以及德里大学、瓦多达拉萨亚基劳王公大学等大学集群创新中心,利用产业集群实现传统产业升级。印度科研与工程研究委员会、印度产业联合会等组织,也都通过资助大学和国家实验室的研究机构、为地方中小微企业提供政策咨询和金融支持等方式,推动科技创新进程,加快创业企业发展。

印度始终保持对科技投入的强度,2017—2018财年科技投入达到57.2亿美元,同比增长10%,并围绕"印度制造""创业印度""数字印度"等国家战略出台了一系列举措,加快实施国家超算计划、积极实施国家创新与发展治理计划、建立"创业走廊"等,取得了显著成效。

在重点领域发展方面,印度近年来在空间技术持续保持快速发展势头,对新能源研发的投入不断加大,并稳步推进智慧城市建设。原有优势领域,如生物医药和信息科技也取得了显著突破,登革热疫苗、抗败血症抗炎药、银屑病治疗药物等研究取得新进展,此外,还积极打造了新一代通信应用和人工智能技术解决方案。

中国与印度在 1988 年就签定了政府间科技合作协定,两国科技合作涉及农业、生物技术、化工、医学、电子和新材料等多个领域。中印积极参加金砖国家合作框架下的科技创新合作,签署《金砖国家科技创新合作行动计划》,分别举办了传统医学、创新创业、新能源与可再生能源、天文等多个领域的研讨会、工作会和技术转移项目对接活动,并在新能源、可再生能源和能效、信息技术与高性能计算等多个领域开展了一批联合研究项目。

# 12. 南非

南非是二十国集团(G20)成员国,并为金砖国家(BRICS)之一。在 2019 年和 2020 年的全球创新指数(GII)排行中,南非分别位列第 63 位、第 60 位,在 37 个中等收入经济体中居第 14 位。

南非科技创新总目标是服务经济社会发展、建设知识经济社会,自 1996 年在《科学技术白皮书》中提出了建设国家创新体系的目标以来,充分发挥政府统筹国家技术创新活动功能,以国家创新体系建设为中心,集中科技资源于重点优先领域的研发,推动产学研结合,发挥企业作为科技创新主体的作用。2002 年 8 月,南非科技部成立,专门负责全国的科技工作,在此之前,科技工作由艺术、文化和科学技术部负责。此外,南非还分别设立了国家创新咨询委员会(NACI)、国家研究基金(NRF)和创新基金,分别负责提供科技政策咨询、促进基础研究和创新应用研究以及鼓励大型合作研究与技术开发。2008 年,南非签署《技术创新署法案》,批准科技部着手组建技术创新署,作为专门的技术创新管理机构,统筹管理、协调、促进全国的技术创新活动。

南非的研究开发机构主要由政府机构和私营部门组成,具体包括如 Denel 公司、Eskom 公司和 Telcom 公司等大型国有企业,农业研究理事会、科学与工业研究理事会、人文科学研究理事会等各类科学理事会,大学和技术院校以及专门领域的研究机构,例如水资源研究委员会、国家植物研究所等。

南非政府认为,要提高国家的创新能力,必须重点开发一些对促进经济和社会发展至关重要的技术领域。根据 2002 年批准颁布的《国家研究开发战略》,以及随后陆续配套出台的《南非国家生物技术战略》《先进制造技术战略》《技术转移战略》《信息通信技术战略》等相关文件,确定了包括生物技术、信息技术、制造技术、自然资源利用等在内的重点发展领域。其中,生物技术研究开发活动的重点为医药、农业和产业化,着力研究开发应对艾滋病、疟疾、肺结核等疾病的药物和疫苗;信息技术的研究重点是自动语言翻译技术、低成本电话和电子邮件集成技术、收集地球观测数据,为政府和产业界在灾难预防、监测和救治以及农业等领域服务;在制造业领域将致力于开发新产品和提高现有产品的质量。

中国与南非同是全球新兴经济体,同为金砖国家成员,两国于 1999 年签署了政府间科学技术合作协定并成立了科技合作联委会。在联委会机制下,两国共同设立了"中国-南非青年科学家交流计划",旨在拓宽两国青年科研人员交流渠道,夯实中南科技创新合作基础;开展"中国-南非联合研究计划",支持重点合作领域研究机构和企业开展联合研究,如 2021 年度重点合作领域就包括智能制造、教育科技(信息通信技术在教育中的应用)、清洁能源、交通、传统医药。

## 13. 巴西

巴西是二十国集团(G20)成员国,并为金砖国家(BRICS)之一。在 2019 年和 2020 年的全球创新指数(GII)排行中,巴西分别位列第 66 位、第 62 位,在 37 个中等收入经济体中居第 16 位,在 18 个拉丁美洲和加勒比区域经济体中居第 4 位。

巴西的科技创新体系由巴西科技创新与通信部(MCTI)负责,下设 4 个秘书处分管具体领域的政策执行。科技创新与通信部同时也是国家科技委员会(CCT)的秘书处。该委员会的主要职责是协助总统为国家层级的科技发展制定和实施相关政策。该部委下属的巴西创新资助署(FINEP)和国家科技发展理事会(CNPq)是重要的资助部门,分别资助巴西科技发展和创新以及基础研究,建立了公共研究机构合作网络(PRO);另外还设有核能管理署(CHEN)和空间管理署(AEB)两个专业领域管理机构。科技创新与通信部同时也与巴西国家开发银行(BNDES)、国家科技发展基金(FNDCT)合作密切。

此外,成立于2004年的巴西工业发展办公室(ABDI)为科技创新相关的工业活动提供资金;圣保罗州技术研究所和圣保罗州研究促进基金会(FAPESP)也是联邦层级的科技创新基地,是巴西国内最重要的研究机构。

进入21世纪以来,巴西国会通过了几十项法案以确保科技创新在经济发展中的优先地位,对各项科技创新基金予以法律保护。巴西在科技创新领域的法规也是拉美地区最细致的。与发达国家相比,巴西研发投入占GDP比例较低,但在拉美与加勒比地区是比例最高的国家。2017年,巴西研发投入占GDP比例为1.27%,全社会研发投入399亿美元,与2000年的158亿美元相比增长了约2.5倍。

巴西政府强调科技与创新作为国家发展核心的重要性,通过在航空航天、水资源、农牧业、数字经济和数字社会、能源、可持续发展、生物多样性、气候变化等重点领域实施重大科技计划,作为提高自主创新能力的突破口。在再生能源研发技术方面巴西优势突出,其最重要的资源就是利用亚马孙河开发的水力资源和石油开采。早在2006年巴西可再生能源的原料利用率就已经达到44.6%,远远高出当时全球的平均利用率13.5%。

中国与巴西于1982年签署了《科学技术合作协定》,并陆续在多个具体领域签定了合作协议。2019年6月第三届中国-巴西高级别科技创新对话后,双方发布《联合声明》,就在生物技术、纳米技术、智慧城市、可再生能源、人工智能、大数据、空间科技、农业科技、半导体照明、气候变化、信息通信技术、电动汽车等领域进行合作达成广泛共识。中巴联合研制地球资源卫星项目被誉为南南合作的典范,并已成功发射5颗卫星。巴西是我国在拉美地区共建联合实验室最多的国家,双方建有农业联合实验室、气候变化和能源创新技术中心、纳米研究中心、南美空间天气实验室、气象卫星联合中心等,并正在筹建生物技术中心。

## B.2 针对性创新合作推荐国别重点情况

### 1. 瑞士

瑞士具有世界上独有的经济、教育、科研、创新四位一体的政府管理体制,联邦政府将教育科研与创新作为一个整体来安排经费预算。在2017—2020年的政府预算中,计划总投入257.39亿瑞士法郎,比上一个4年的投入增加近22亿瑞士法郎。

科研与创新支撑机构包括国家科学研究促进委员会(SNF)、国家技术创新委员会(CTI)。

国家队:两校四所——苏黎世联邦理工大学(ETH Zurich,ETHZ),洛桑联邦理工大学(EPFL),保罗谢尔研究所(PSI),联邦森林、雪与景观研究所(WSL),联邦材料科学技术研究所(EMPA),联邦水科学技术研究所(EAWAG)。

以上两校四所构成了苏黎世联邦理工大学及研究所联合体(ETH-Bereich),签约人员超过2万。瑞士的理工学院最主要的使命是促进创新。每年有2000多名硕士和1000多名哲学博士离开ETHZ和EPFL,进入私营企业。这两所大学还开展基本研究,并与私营企业界和公共机构合作,通过传递知识和技术,创造出成功的、可投放市场的创新产品。这两所大学每年申请约200项专利,仅2014年就发布了49个衍生产品。

瑞士在创新方面所取得的辉煌成就,背后的推动力还有商业界,特别是大型公司功不可没。ABB、罗氏、雀巢和诺华在2014年分别申请了400~600项专利。欧洲专利局的数据显示,这让上述公司成为欧洲前50大专利申请人。

2015年,以每一百万居民中提交专利申请的比率看,瑞士排全球第一。

在瑞士的 812 万人口提交了 7088 份专利申请,其中 47% 的申请最后获批。瑞士的专利技术主要集中在涡轮/引擎、测量(如钟表)、电力设备、有机精细化学、医学、生物科技等方面。

瑞士是最早提出 PM2.5 为致癌物质和制定控制措施的国家,形成了利润丰厚的空气净化器和柴油发动机尾气净化器产业。

在清洁技术领域,瑞士在二氧化碳减排和回收方面具有领先水平。虽然国内资源有限,瑞士却是全球最重要的原材料贸易平台之一。

瑞士生命科学工业面向全球,98% 的销售额来自境外。化学-制药产品占据了瑞士商品出口 33% 的份额,是瑞士最重要的出口产品。瑞士拥有世界著名的大学和高等专科院校以及众多资金雄厚、注重科研的制药企业,因此汇集了一大批资质深厚的科学研究人员。与世界上主要的生命科学基地相比,瑞士生命科学行业的劳动生产率最高。瑞士拥有全球独一无二的生命科学产业集群。除了诺华、罗氏和先正达等大型化学和制药公司,它还包括了一个由医疗、生物和纳米技术企业组成的密集网络。

瑞士以高度的创新和研发能力,为抗击新冠疫情做出了重大贡献。检测一直是对抗新冠疫情的主要短板之一。许多国家由于检测能力有限,大规模的检测无法成为疫情控制工程的主要组成部分。未经检测的疑似感染造成了不确定性,并增加了病毒进一步传播的风险。总部位于巴塞尔的瑞士全球制药巨头罗氏(Roche)为破解这一难题做出了巨大贡献。它是第一家推出新冠病毒检测的企业;自 2020 年 3 月中旬以来,它还推出了全自动检测工具,每月可执行 850 万次检测,并将检测结果的等待时间从几天缩短至 3.5 小时。这大大增强了世界各国对新冠病毒的检测能力。这一突破获得了美国政府和其他欧洲国家的认可,美国当局立即批准罗氏的新冠病毒检测设备投入使用。瑞士创新产业园在瑞士的健康医疗创新生态系统中有举足轻重的作用。它在西部的 3 个领先创新园区——巴塞尔园区、比尔园区和洛桑联邦理工大学西部园区——将国际企业及研发人员与瑞士高端知识产权、世界领先的研究伙伴和研发基础设施(实验室、测试站点、网络等)联结在一起,让医疗和生物技术企业从这个世界顶级的医疗健康创新生态系统中受益。

当讨论从技术领域的新发展推动的第四次工业革命中获益时，瑞士胜券在握。瑞士在机械工程和精密制造领域的传统实力为机器人和无人机技术新兴领域的尖端研究奠定了坚实的基础，吸引了像 Google、Facebook 这样的科技巨头及各行业的知名企业，这些企业带来了大量的专家和人才。由于拥有一流的技术大学、充满活力的人才库和经验丰富的生态系统，瑞士被誉为"机器人硅谷"。

得益于瑞士监管机构鼓励创新和务实的态度，瑞士在制定无人机交通管理（UTM）法规方面一直处于领先地位。瑞士是世界上第一个在全国范围内实施 U-Space 的国家，并于 2017 年在日内瓦进行了现场测试。瑞士也是 SORA（特定运行风险评估）的发源地，SORA 是一部基于风险的非规范性无人机法规，该法规正逐步成为全球性标准。由于行业和监管机构之间独一无二的合作，瑞士为广大企业提供了在现实环境中进行产品创新、测试和部署的理想环境。

智能制造将开创性的高科技发展应用于生产工艺。诸如 ABB、欧瑞康（Oerlikon）、汉密尔顿（Hamilton）或迅达（Schindler）等各类国际化公司通过瑞士的数字化解决方案优化其现有的制造过程。凭借双轨教育体系，这些公司在瑞士可以招募到接受过良好教育、可操作高度专业化设备的员工。作为以领先的研究中心与创新友好型产业之间紧密合作而见长的高科技中心，瑞士非常适合作为欧洲地区的切入点，以便在欧洲市场实现有效的供应链管理或建立高度自动化的生产工厂。

1989 年，中瑞签署双边科技合作协议，两国政府间科技合作关系正式建立。

2008 年，瑞士联邦政府将中国正式列为科技合作重点国家。同年 11 月，国务委员刘延东访瑞与时任瑞士内政部长库什潘签署《中瑞科技合作联合声明》。

2012 年 3 月，科技部曹建林副部长访瑞，与德拉布朗乔国秘共同签署了《中国科技部与瑞士联邦内政部关于加强中瑞科技合作的联合声明》。

2012 年 7 月，万钢部长会见了到访的瑞士联邦委员兼经济部长施耐德-安曼，双方商定将推动实施新一期《中瑞科技战略合作计划（SSSTC 2013—

2016)》。

2012 年 6 月,内蒙古宇航人药业公司与瑞士国家活细胞实验室投资公司签署战略合作协议,将利用内蒙古优质的羊胚胎资源,采用瑞士国家活细胞实验室的国际顶尖羊胚胎活细胞提取加工技术,生产具有目前国际一流水平的活细胞系列产品。

中国科学技术交流中心与瑞士初创企业孵化器 VentureLab 签署合作协议。瑞士初创企业孵化器 VentureLab 是瑞士青年企业家创业研究院(IFJ)的子公司,成立于 2004 年,支持的初创企业从全球投资者手中筹集了超过 50 亿瑞士法郎,创造了数千个就业机会。

2017 年,浙江大学医学院附属第一医院在第三届国际器官保护论坛上组建了"中国人体器官保护先进技术与产业联盟",经过各理事单位、委员和国内外同道的共同努力,在瑞士日内瓦州政府的支持下,2019 年联合国内外在器官移植、修复和保存以及胰岛移植、干细胞治疗领域卓有建树的研究机构和先进企业,整合医工信资源,建立"国际器官保护协会"(International Organ Protection Society,IOPS),今后将发展为一个引领国际的世界性专业协会。

## 2. 瑞典

瑞典是世界上竞争力和创新能力最强的发达国家之一,其在 2015 年欧盟创新记分牌中排名第一位。在科技与创新的投入方面,瑞典以较大的研发投入强度而著名,其研发经费占 GDP 的比重保持在 3% 以上已有 20 年,2001 年曾达到 4.13%。其中,企业的研发经费支出占 70%。针对欧盟提出的 2020 年研发投入强度达 3% 的目标,瑞典政府制定了"瑞典改革计划2011",文中提出的目标是到 2020 年,瑞典政府和企业研发投入占 GDP的 4%。

瑞典科技与创新体系可分为 6 层。

第一层:政策制定层,由议会、政府内阁相关部门组成。

第二层:技术与创新规划实施层,主要由负责基础研究的研究理事会、专职事业署、专门的研究基金会组成。

第三层：研发操作层，主要由公立研究机构（主要是大学、政府民用研究所）、半公立机构（工业研究所）、国际科技合作者和私人研发机构（公司的研究部门和私有的非营利研究机构）组成。

第四层：技术扩散层，主要包括大学和产业界合作建立的能力中心、卓越中心、科学技术园区、技术转化基金、技术服务机构（提供科技成果转化中介服务）等，还包括地区商会、技术扩散项目、工业研究所的中小企业项目、欧盟框架计划等。

第五层：针对公司的研发资助层，主要是各种公共资助机构（各种协会、基金会、省级和地方政府研究资助机构）、半公立和私有的金融公司（包括各种风险投资公司）等。

第六层：法规与信息层，这一体系中包含了传统的研发活动，同时包括了技术转移、扩散、中介服务以及产业化等活动内容。这一体系可以从政策的制定者、资金投入者、从事活动者的角度来考察。

瑞典是极具创新力的国度，以诺贝尔奖发源地闻名于世的瑞典，也是活动扳手、滚珠轴承、拉链、真空吸尘器、三点式安全带、智能头盔、Skype、鼠标、蓝牙无线通信技术、摄氏温标、心电图记录仪的发源地。瑞典的创新成果方便了人们的生活，推动了工业文明的进步，造就了沃尔沃（Volvo）汽车、爱立信（Ericsson）通信、伊莱克斯（Electrolux）电器、萨博（SAAB）军工、宜家（IKEA）家居等众多国际品牌。

在软件开发、微电子、远程通信和光子领域，瑞典居世界领先地位。瑞典拥有自己的航空业、核工业、汽车制造业、先进的军事工业，以及全球领先的电信业和医药研究能力。

瑞典是信息及通信产业高度发达的国家，从事电信产业的企业约万家，其中94％为IT服务业，6％为电子工业，从业人员25万。瑞典出口的电信产品75％是通信设备，中国是瑞典重要信息和通信技术产品出口国，也是业务量增长最快的市场之一。

近年来，瑞典的软件公司发展较快，特别是金融机构和证券交易软件的表现更加突出。在通信技术发展方面以无线电、通信软件、汽车电子通信、光电、嵌入式系统芯片为主。

　　瑞典生命科技产业发展,如生物科技、医学技术、医药、医疗器械、诊断设备,在国际上具有重要地位。瑞典拥有影响世界的医学发明,如心脏起搏器、呼吸器、人造肾、超声波、伽马刀、局部麻醉等,此外,在系统技术、非扩散测量技术以及生物材料的研究方面也处于世界领先地位。瑞典是欧洲第四大生物技术国,在全球排名第九。

　　目前瑞典约有 800 家生命科学行业企业,约有雇员 4 万人,大部分从事研发和市场工作,约 15 000 人在生产部门工作,还有大量专业咨询和分包公司,形成了完整的产业环境。瑞典生命科学产业主要集中在 3 个地区:斯德哥尔摩-乌普萨拉地区,这是欧洲领先的生命科学产业带之一,拥有世界知名的大学和研究机构,如卡罗林斯卡医学院、乌普萨拉大学、皇家理工学院等,该地区聚集了全国 58% 的生命科学企业,如法玛西亚、阿斯利康、通用医疗等知名跨国公司;另外两个产业带主要集中在瑞典南部,一个在哥德堡附近,以药物研发和临床为主,另一个在隆德-马尔默地区,以生物技术为主,拥有全国 17% 的生物技术企业。从行业分布来看,瑞典的生命科学产业以药物研制为主,占行业总量的 54%;其次是生物技术器材等,占 21%,这两个行业可作为中瑞合作的主要领域。

　　瑞典拥有强大的汽车制造工业,重型卡车和大型客车占绝大部分。瑞典汽车制造业也是一个以出口为导向的产业。每年生产的商用车中超过90%出口,全球市场占有率在 20% 以上。沃尔沃和斯堪尼亚是国际知名的瑞典商用车制造商,历史悠久,技术雄厚,市场占有份额大。瑞典在汽车安全技术方面世界闻名,汽车安全带是瑞典人发明的,瑞典 Autoliv 公司是享誉世界的汽车安全企业。目前瑞典正在开发汽车主动安全系统。

　　瑞典的清洁能源技术比较成熟,其使用量在整个能源结构中的比例越来越大。近十年来,瑞典清洁能源占能源市场的份额逐步提高,从 1994 年的22%,提高到目前的 28%。目前,瑞典电力生产基本实现了无油、无煤,电力来源基本是水电和核电各占一半。

　　瑞典的清洁能源除了水电外,风力发电、太阳能、垃圾焚烧发电、生物能源等发展也很快。目前,风力发电已达到 1TWh 的发电能力,具有较为先进的风力发电技术;太阳能发电进入商业运作阶段,产能达 50GWh,在乌普萨拉市生产的太阳能板在发电效能方面创下国际同类产品的最高纪录；垃圾发电供热普及速度快,目前年垃圾总量的一半(约170万吨)用来发电供热,瑞典在烟气清洁方面设备和技术先进,不会造成环境污染；生物燃料是清洁能源中发展最快的能源,瑞典在利用速生柳作为能源发电方面技术成熟；在生物燃料技术的应用还体现在动力车用燃料上,目前混合燃料轿车已占轿车市场份额的10%,SAAB公司是世界上第一个推出全乙醇动力车的企业。瑞典是第一个使用沼气作为火车动力的国家,瑞典生物气体公司开发的沼气动力火车2005年首航,速度达到130km/h。

瑞典环保产业发展迅速,环保技术发达,主要技术有污水处理、废气排放控制、固体垃圾回收与处理等。根据瑞典统计局统计,瑞典环保产业年产值已达2400亿瑞典克朗,其中垃圾处理和再生循环产值占环保产业总产值的41%。

瑞典拥有一大批拥有专有技术的环保企业,企业数量超过4000家,就业人数达9万。环保产业出口强劲,约占环保产业总产值的38%,并以年均8%的速度递增。瑞典出口的主要市场是欧盟和波罗的海国家,中国已成为瑞典在亚洲最大的环保产品出口市场。

中瑞合作重点领域：

瑞典皇家工程院(IVA)和中国工程院在"可再生能源与环境"主题下的互访交流计划。

2008年,中国科技部和瑞典创新署决定为由双方大学执行的7个移动通信技术研究项目分别提供资助,建立学术交流机制。

中国钢研科技集团和瑞典查尔莫斯大学材料与制造工艺系合作于2002年建立"中瑞新材料交流中心",发展了金属材料领域的交流和合作关系。

2004年,中瑞政府续签新的科技合作协议时,中方曾倾向用"生物医学包括中医药领域"加以概括。2010年,第二次科技联委会以后,双方接受以"生命科学"命名以往医学领域合作的代表领域。

2011年3月,上海交大医学院院长陈国强教授率团访问卡罗林斯卡医学院,双方就合作建立"转换医学中心"初步达成一致,上海交大医学院作为科技部认可的"国际科技合作基地"挂牌。

## 3. 荷兰

荷兰是欧盟和经合组织（OECD）的创始国和重要成员国之一，也是申根公约、联合国、世界贸易组织等国际组织的成员。在《2020年全球创新指数》排名中，荷兰位列全球第五名。

荷兰的科技发展政策受其外向型经济和商业服务行业需求影响很大，政府对科技管理工作只采取宏观调控的方法，靠税收政策和经费投入的数量来引导和鼓励科技发展的方向。荷兰的教育、文化、科学部制定协调全国科技发展政策，经济部通过咨询服务、中介和财政支持来推动和影响科技的发展。荷兰每年的研发投入超过20亿欧元，吸引了40多万科技从业人员，同时提供对创新活动极其友好的税收政策，营造有利于企业、研发机构和政府的通力合作及跨领域共赢的生态环境。

荷兰虽然国土面积不大，但经济实力、科技创新实力强劲，在工业生产研究与开发工作方面很重视科技的投入；而且通过引进新技术、更新设备提高产品质量，开发新产品，以保持在自身专长领域具有国际先进水平，并且成效显著。荷兰基础研究和应用研究的优先领域是生物技术、医学、环境科学、信息科学和材料技术等，微电子技术、石油化工技术、煤油气化利用技术也都具有国际先进水平。荷兰在农业生物技术、畜牧育种、温室园艺及无土栽培技术、水利港口工程和信息技术，特别是用于商业金融服务的网络建设等方面同样处于世界领先地位。荷兰是全球仅有的3个在本国境内拥有完整半导体产业链的国家之一，全球约四分之一的半导体设备来自荷兰；荷兰是世界半导体装备制造的三大强国之一，荷兰的ASML公司在全球光刻机领域已占据高达80％的市场份额，垄断了高端光刻机市场。

1980年，中荷两国政府签定了《文化合作协定》和《经济技术合作协定》。根据这两个协定，我国原国家教育委员会、国家科委、中国科学院、中国社会科学院、农业农村部、水利部、交通运输部、地质部等单位先后与荷兰对口部门之间签定了多个合作与交流协议或备忘录。2011年，中荷两国科技部门续签科技合作协定，决定加大环境、新材料、新能源、医学等领域的合作。2012年，双方签署关于创新合作的谅解备忘录，促进两国科研机构、大学、企业间的产学研创新合作。中荷在科技领域的务实合作已取得累累硕果。

## 4. 丹麦

丹麦是发达的西方工业国家,人均国内生产总值居世界前列,在世界经济论坛 2019 年全球竞争力报告中列第十位。丹麦是北约和经合组织(OECD)的创始国之一,也是欧盟、世界贸易组织等国际组织的成员。在《2020 年全球创新指数》排名中,丹麦位列全球第九名。

作为国际公认的创新型国家,丹麦一向以高科技投入、高科技产出、自主创新能力强、科技对经济贡献大著称。在丹麦的技术创新体系中,有明确的创新总体战略,它是以企业为其创新行为的实施主体;以风险投资为其创新实现的催化剂;以人才为其创新体系的核心;以长于设计为其创新成果的特色。在丹麦,私营企业主可以享受到国家提供的研发基金来降低研发风险,同时享有研发税收减免政策。2014—2017 年,丹麦的创新投入均位居世界前十。早在 2013 年,丹麦研发强度就已占国内生产总值的 3.1%,提前超出欧盟规划的“欧洲 2020 战略”及《里斯本议程》设立的研发支出目标——3%。丹麦高等教育支出在经合组织成员国中也是位列前茅,并积极在全球各重要领域推进一流人才培养。

丹麦是一个知识型社会,在绿色科技、生物科技、制药科学、电信、通信技术和设计领域拥有先进产业和研究成果。

(1)丹麦是全球清洁能源领域的领导者。三十年在能源政策上的坚持使丹麦在开发和使用再生能源,例如生物燃料、风能、潮汐能和太阳能领域处于前沿。丹麦原计划于 2020 年风能发电率达到 50%(实际达到 46.1%),于 2050 年达到全面无石化。

(2)通信科技领域的先驱。丹麦是世界上信息与通信技术发展和使用程度最高的经济体。丹麦由于出色的数字基础设施和通信科技高度渗透成为新信息技术的理想试验田,是微软、IBM、惠普和谷歌等企业在欧洲的重要枢纽。

(3)丹麦是生物医药强国。医药是丹麦最大的出口商品类别,人均出口居世界第四。丹麦生物技术研究开发能力达到世界先进水平,在医药产业研究开发投入方面居欧洲第三,是欧洲三大生命科学中心之一。其部分生物技术具有前沿优势,包括蛋白质研究技术、生物信息技术、纳米技术、生物制品生产技术。丹麦拥有 1000 余家与医疗技术产业相关的行业公司,其医疗技术产业年收入约 500 亿丹麦克朗,并且总收入的 90%～95%来自海外。

(4) 人工智能是丹麦重点推进的战略产业之一,其机器人密度居全球第六,丹麦已成为全球测试、开发和营销下一代机器人的最佳理想市场之一。

丹麦是最早与中国建交的西方国家之一,1985 年即签署了《中丹科学技术合作议定书》。两国建交以来,双边关系的长足发展促进了中丹人才交流和机构交往,推动了环境保护、可再生能源、生物医药、食品安全、信息技术等领域的大批合作项目,中丹科技和创新合作成为中丹两国关系的重要组成部分。为了促进与中国的创新合作,丹麦政府科技创新部于 2008 年制定了"中国战略",用于指导和启动新的创新项目,推动高校、企业和机构与中国伙伴在创新领域的合作。

## 5. 芬兰

芬兰是全球最具创新力经济体之一,拥有大量受过良好教育的高技术人才。在多项创新指标上处于全球领先地位。其中,

- 教育支出/GDP:6.5%(2009—2013 年);
- 研发/GDP:3%以上(2001—2014 年);
- 高校/产业研发合作(第一);
- ICT 及商业模式创造(第一);
- 技术贸易比重(知识产权交易额/贸易总额)(第一);
- 专利强度(每 10 亿欧元 GDP 专利拥有量)(第三);
- 人才优势:全球人力资本指数排名第一(教育、技能和就业);
- 研究人员密度(每百万人口研究人员全时当量)(第三);
- 高校毕业生能力全球第二;
- 环境优势:创新创业生态系统完善,是全世界最安全、最宜居的国家之一。

芬兰的国家创新体系设计完备,无论是从政府创新治理、前沿基础研

究、企业应用性创新技术开发、创新产业化、创新人才培养和输出、创新融资等各个方面,均有主体机构进行专业的服务,创新体系中的各主体各司其职,互相配合,形成高效、系统化的创新生态体系。

据芬兰 TEKES 的官方说法,芬兰在以下领域取得了成功:林业、化工和金属行业、信息和通信技术、软件和电子产品、新材料、环境技术、生物技术等,通过科研创造产生了无数重要的创新型产品,成果包括手机、破冰船、环保型造纸工艺、柴油机、航行快艇、指南针、变压器、岩石钻孔机、树叶收割机、互联网加密系统。

个性化医学是一个全球性的增长领域,芬兰在该领域处于领先地位。它的生物银行、独立的基因库和全面的数字医疗登记系统为寻求利用大数据进行高级分析研究的制药企业和科研院构建了极具吸引力的研发环境。

健康相关的研究和创新也受益于芬兰的信息技术专业知识。由于不同行业和生态系统的交流和融合越来越深入,数字化和活跃的创业浪潮已经对芬兰的健康产业发展产生了积极影响。在生物信息学、远程医疗、可穿戴健康技术、自我监测等领域,新产品和解决方案如雨后春笋般涌现:健康技术产品出口在过去 20 年中增长了 5 倍,2015 年达 19.2 亿欧元,同比增长 6.6%。

随着工艺技术朝 5nm 以下工艺节点演进,芬兰半导体材料供应商 PiBond 也研发出了全新用于极紫外光(EUV)的创新材料——无机光刻胶技术,而无机光刻胶技术在台积电 5nm 以下的 EUV 工艺流程中,已经被视为材料的一大创新。

除了光刻胶技术与产品,PiBond 提供的半导体关键材料也用于 CIS、MEMS、3D IC、逻辑、存储器等芯片制造流程,比如提供用于 65nm 以下,尤其是 28nm 工艺节点上图像转移的辅助材料,以及二氧化硅的替代应用材料、后段封装材料等。5nm 无机光刻胶技术也已经在几个特殊层上开始使用,半导体工艺技术越往下发展,就会越多地使用无机光刻胶。

全球能提供无机光刻胶的供应商只有两家:芬兰的 PiBond 和美国的 Inpria,这种创新材料是推进半导体工艺不断发展的关键。

芬兰清洁技术的总产值在 2017 年就已经达到 400 亿欧元,年增长率约

10%,芬兰每年投入在清洁技术研发的费用占到了 GDP 的 4.5%。

芬兰清洁技术协会市场部经理瑞达·弗里曼(Riikka Friman)表示,全世界清洁技术的产值有 2 万亿欧元,芬兰 2014 年达 50 亿欧元,其中有 9 亿欧元来自中国,中国多年来一直是芬兰单个最大的贸易合作伙伴。

2015 年 5 月,中芬清洁技术研讨会在北京召开,中国与芬兰两国的公司签署了 12 项清洁技术合同,价值约 2 亿欧元(2.46 亿美元)。

芬兰非常重视科学研究的国际化和国际合作,并为此出台过《芬兰科学研究的国际化》的政府研究报告。芬兰非常重视参加北欧国家和欧盟的研究项目,以及同欧盟之外的新兴国家和技术研发大国之间的科技交流与合作。

1986 年,中国科学技术委员会与芬兰贸工部分别代表两国政府正式签署了第一个政府间科技合作协定。1986—2019 年已召开了 18 届中芬科技联委会,中芬科技合作关系迅速发展。

2003 年,为了加强中芬两国间的技术合作,芬兰国家技术局在北京设立代表处,并拿出 5 个国家技术计划开展对华合作。

2007 年,科学技术部与芬兰国家技术创新资助局(TEKES)共同启动了"中国-芬兰纳米技术战略式合作计划",并共同签署了《关于开展纳米技术联合研发和产业化的谅解备忘录》。

2011 年,科学技术部与芬兰就业与经济部签署了《中芬 ICT 战略联盟合作谅解备忘录》。

2011 年,时任全国政协副主席、科技部部长万钢成功访芬,分别与芬兰教育部和就业与经济部签署了《基础研究领域合作意向书》和《中芬苏州纳米技术创新中心合作备忘录》,尤其在极地研究方面与芬兰教育部达成了合作意向。

2012 年,我国最大的科技园区中关村科技园芬兰办事处挂牌成立,同年10 月,华为芬兰研发中心在芬兰赫尔辛基举行成立仪式。

中芬科技合作的主要领域包括北极合作、纳米合作、信息通信、可持续发展与清洁技术和生命科学领域。

## 6. 新加坡

新加坡是一个发达的资本主义国家,被誉为"亚洲四小龙"之一,同时凭借着地理优势,成为亚洲重要的金融、服务和航运中心之一。新加坡是东南亚国家联盟(ASEAN)成员国之一,也是世界贸易组织(WTO)和亚洲太平洋经济合作组织(APEC)成员经济体之一。在《2020年全球创新指数》排名中,新加坡位列全球第八。

新加坡目前采用以研究、创新和企业理事会(RIEC)、国家研究基金(NRF)、教育部(MOE)、贸工部(MTI)为主要管理主体,以企业(跨国企业为主,本土企业稳步发展)、大学、技术学院、医院、科技局所属研究所为主要执行主体的研发框架体系。在世界各国创新能力排名中,新加坡位居全球前列,在亚洲处于领先地位。据2019年《全球创新指数》报告,新加坡创新投入次级指数排名位列全球第一。从2018年《全球城市实力指数》报告中的研发分项指标来看,在评估中小企业及初创企业成长的创新环境指标方面新加坡排名全球第四。在以科研人员角度评估的城市科研创新环境吸引力排名中新加坡位列全球第八。2017年,新加坡全社会研发经费支出90.9亿美元,研发强度为1.85%。2018年,新加坡万人研发人员全时当量为87万人年。

在不同的时期,新加坡根据全球科技与产业的发展趋势,选定与调整其重点发展的产业,然后以产业为导向,选择科技发展的重点领域。《新加坡科技计划2015》选择电子技术(数据存储、半导体)、生物医药(转化与临床研究、营养与医疗技术)、信息通信与多媒体(交互与数字多媒体)、工程技术(精密工程、运输工程、航空与航海)、清洁技术(水技术、太阳能)作为其优先研究领域。新加坡的优势产业包括:

(1)航空工程产业,超过100家航空公司在新加坡设立服务站,新加坡已经获得了四分之一的亚洲维护、修理及翻修(MRO)市场。

(2)化工产业,新加坡是世界上最先进的能源与化工枢纽之一,在化工产量和研究两方面都尽力保持在行业发展最前端。

(3)工程服务业,目前约占新加坡国内生产总值的1.2%。

（4）清洁能源产业，新加坡已成为亚洲领先的清洁能源枢纽。

（5）电子产业，是新加坡制造业的支柱，已从20世纪60年代东南亚唯一的电视组装厂发展至如今全球电子市场的重要枢纽。

（6）石化与天然气设备及服务产业，新加坡已成为亚洲石油产业枢纽，也是世界三大出口炼油中心之一。

（7）医药及生物技术产业，新加坡已形成了亚洲发展速度最快的生物产业集群，有着亚洲临床研究和试验管理活动中心的美誉。

（8）精密工程产业，新加坡已成为许多公司的区域总部和研发中心所在地，拥有约2700家精密工程业公司。

（9）物流和供应链管理产业，世界25大跨国物流公司中，已有20家在新加坡开展业务，并且多数公司在此设立了区域性总部或全球总部。

中国和新加坡于1990年10月3日正式建交。自建交以来，两国在各领域的互利合作成果丰硕。2008年10月，中新两国签署了《中国-新加坡自由贸易区协定》，新加坡成为首个同中国签署全面自由贸易区协定的东盟国家。2015年，中新宣布建立"与时俱进的全方位合作伙伴关系"。2020年是中国与新加坡建交30周年，当前中新合作机制层级高、范围广，已建立由两国副总理牵头的中新双边合作联委会机制和8个地方省市合作机制。这种从中央到地方、覆盖所有重点合作领域的工作机制，为调动合作资源、凝聚合作动力发挥了重要作用。

## 7. 以色列

以色列是一个发达的资本主义国家，对于科技的发展贡献相当大。以色列是欧盟、经济合作与发展组织（OECD）和"地中海对话"（Mediterranean Dialogue）协约的成员国之一，与北大西洋公约组织保持合作关系。在《2020年全球创新指数》排名中，以色列位列全球第13。

自1948年建国以来，以色列一直将科技作为立国之本，坚持以创新驱动发展，科技对GDP的贡献率在90%以上，是全球高新技术重要来源地之一。以色列政府在全球一体化背景下不断完善管理体制，提供政策与资源支持。在政府支持、社会资本以及大学孵化等合力作用下，以色列形成了由初创企业、孵化器、加速器、工业园区、风险投资和国际资本等组成的良好的创新创业生态系统。作为全世界创业密度最高的国家，以色列年科技研发投入占GDP总量的4.3％，排名世界第一；人均高科技企业数量排名世界第三；在纳斯达克上市企业数量位居世界第三；人均注册专利数量排名世界第五。

以色列在信息通信、计算机、高端装备、半导体、材料、环保、可再生能源、生物医药、医疗器械、军工等高附加值领域均保持了世界领先的创新优势。以色列在生命科学和医疗器械领域是全球公认的领跑者，是世界上第二大医疗器械供应国。

以色列拥有全世界最有效率的导水系统，在垃圾处理方面也有独特的技术。由于以色列淡水的极度匮乏，他们开发出了全球领先的海水淡化、污水处理技术，拥有全球最先进、最大的海水淡化处理厂，可以提供以色列国内80％的淡水。以色列的喷灌和滴灌技术世界第一，以色列几乎所有农田都采用了喷灌和滴灌技术与自动控制技术，并且灌溉水平均利用率达到了90％。

中国和以色列于1992年1月正式建交，开启了中以两国关系史的友好新篇章，为双方在科技、经贸和社会人文等领域开展更多、更广泛深入的交往合作奠定了基础。目前，中国是以色列在亚洲第一大、全球第三大贸易伙伴。2017年，双边贸易额达到131.21亿美元。近年来，中以两国在共建"一带一路"的框架下又在港口交通基础设施建设等方面取得了一系列重大合作项目的推进与成功。2017年，双方建立创新全面伙伴关系。2018年10月，两国共同制定了《中以创新合作行动计划(2018—2021)》。

## 8. 爱尔兰

爱尔兰是一个高度发达的资本主义国家，也是欧盟、经济合作与发展组织、世界贸易组织和联合国的成员国，并且是世界经济发展速度最快的国家之一，因经济发达赢得了"欧洲小虎"的美誉。在《2020年全球创新指数》排名中，爱尔兰位列全球第15。

爱尔兰科技管理体系采用的是集中决策与分工实施相结合的管理模式。议会和政府内阁负责国家科技和创新战略决策，商业、企业和创新部负责国家宏观科技与创新管理,其他政府部门分工负责其领域内的科技与创新管理。在这种管理模式下,政府通过加大创新投入、降低企业税收、加大研发支持力度、投资研究中心等措施,使爱尔兰逐渐从30年前的以农业为主的国家,发展成为吸引各行各业科技公司的磁石,首都都柏林更被称作"欧洲硅谷"。谷歌EMEA(欧洲、中东和非洲)总部选址爱尔兰;Facebook在此建立了第六个数据中心;英特尔推出的Galileo芯片和Genuino 101芯片由爱尔兰制造;微软在爱尔兰建立了新销售中心;华为在爱尔兰坐拥4个研发中心。全球15家大型制药公司中有13家在爱尔兰建立了生产基地或研发中心,它也是世界第三大投资基金管理中心所在地,同时拥有全球最大的飞机租赁市场和航空金融中心。

爱尔兰是一个软件出口大国,也是一个生物制药出口大国,同时是现代农业的典范。

(1)自1994年以来,爱尔兰计算机软件产业异军突起,形成了令人瞩目的国际竞争力,带动了爱尔兰经济20多年来的高速增长,并已发展成为该国经济的支柱产业之一。

(2)在过去的几十年中,爱尔兰在发展生物技术方面取得了突出进步。以有机化工和制药行业为主的生物技术产业对爱尔兰经济发展的贡献率不断提高,在就业和出口方面所占的比重逐年增加,医药和有机化工已经成为爱尔兰第一大类出口商品和最大的缴税行业。

(3)爱尔兰十分重视政府在科技创新中的引领作用,同时十分重视农业教育,稳步培养农业技术人才,大力推动产学研合作,助推农业科技创新,成功推进农业现代化发展。

自1979年6月22日中爱建交以来,两国双边关系发展平稳。2001年2月,双方签署《教育合作协定》,同年9月,两国签署《文化合作谅解备忘录》,2016年,中爱续签《文化交流合作备忘录》。2019年,在中爱建交40周年之际,两国政府在都柏林签署《关于促进科技创新合作的谅解备忘录》,决定在中爱政府间科技合作协议的框架下,建立中爱科技合作联委会机制,推动两国科技创新合作。

## 9. 奥地利

奥地利是一个高度发达的资本主义国家，也是 OECD 的创始国之一，1995 年加入欧盟。在《2020 年全球创新指数》排名中，奥地利位列全球第 19。

奥地利科研与教育的职责分散在政府和各州之间。在州层面，科技与教育部门、经济部门承担着科技与教育发展职责，奥地利联邦商会的地区分支机构也对当地创新企业进行支持，如提供担保等。奥地利拥有两个与科学相关的委员会：科学委员会和研究、创新与技术委员会。它们为奥地利科技研发政策提供咨询。1998—2016 年，奥地利在所有 OECD 国家中研发强度增幅排名第二，仅次于韩国。同时，科技创新人力资源得到大幅提升，大学科研产出快速增长。奥地利在产业和科学之间建立了良好的联系，产业界、大学和公共研究机构之间的合作通过一系列计划和政策措施得到了很好的支持。

奥地利的能源与环保技术、生物和医疗技术具有国际领先水平，量子科学研究成果卓著。

（1）奥地利将能源环境技术作为其研发的战略重点，在生物智能利用、太阳能利用、未来建筑和可再生原料的工业利用等领域技术优势突出。奥地利共有六大生态产业集群，分别为施蒂利亚州绿色科技谷（EcoWorld）、上奥州生态能源产业群（OEC）、环境技术产业群（UC）、下奥州绿色建筑产业群、布尔根兰州水业集群（水供应和污水处理）和蒂罗尔州的能源产业群。

（2）奥地利健康产业历史悠久，制药、医疗设备、医学实验技术和设备以及生物技术发达，医疗设备、医院设施、家用康复设备、辅助设备的研发和生产是奥地利的优势产业。首都维也纳是欧洲主要的生物技术中心。

（3）奥地利在量子科学领域具有良好的基础。近年来，奥地利科学家在量子纠缠系统领域创下新纪录：成功实现 20 量子比特系统内受控的多粒子纠缠。中奥两国也在量子通信技术领域长期保持合作关系。

中国与奥地利于 1971 年 5 月 28 日正式建交。20 世纪 80 年代，中国实行改革开放后，把加强同奥地利在内的西欧国家的合作作为对外政策的重要组成部分。20世纪90年代,两国关系呈现出良好的发展势头,各领域合作发展加快。进入21世纪以来,两国政治、经济、文化交流十分活跃。2000年,中奥签定《中华人民共和国政府和奥地利联邦政府旅游合作协议》;2001年,两国政府签定《文化合作协议》;2004年,两国教育部签定《中国教育部与奥地利教育、科学和文化部关于资助联合研究奖学金的备忘录》;2007年,双方签署《中华人民共和国农业部长与奥地利共和国农林、环境与水利部部长关于农业合作的谅解备忘录》等。2018年,奥地利作为中国重要的科技合作伙伴之一,在两国元首的见证下签署了《关于深化应用研究和创新领域合作的联合声明》,这是双方站在新的历史起点上,对两国科技创新合作所做的顶层规划。

## 10. 挪威

挪威是一个高度发达的资本主义国家,也是当今世界上最富有的国家之一,北约及经济合作与发展组织成员国,其在经济方面是市场自由化和政府宏观调控成功结合的范例。在《2020年全球创新指数》排名中,挪威位列全球第20。

作为北欧四国之一,挪威是当今世界高度发达的高科技国家,在科技创新方面起到表率作用。在科技管理体制改革中,挪威着重强调研究与开发必须面向工业应用,政府加大了科技投入,支持高科技企业的研发活动,建立了高新技术风险投资公司,积极鼓励产学研机构之间的密切合作。挪威在高层次人才培养方面采取了一系列行之有效的措施:一是倡导良好的学术风气,二是开放工作岗位,三是采取特殊政策培养人才,四是通过国际合作培养人才。2007年,挪威政府对挪威教育与研究部增设重要官员,以进一步推动科研工作的开展。政府还对推动挪威科技发展的重要机构——挪威研究理事会,进行了职能调整,增加了科技创新职能。

挪威在可再生能源领域居于国际领先地位。

(1)水电。挪威在水电建设领域已有100多年的历史,在该领域积累和发展了丰富的经验与技术;是世界第六大和欧洲第一大水电生产国;在水电工程设计与开发、设备制造与安装,以及水电市场管理及水电资源管理方面都具有先进的专业技术经验。现已建成的地下水电站约占当前全球地下水电站总数的 50％。

（2）风电。挪威的地理位置比大多数欧洲国家都更适合发展风电,因此政府对可再生能源领域的发展较为侧重风电开发。目前具有世界领先技术的主要几个项目有海德鲁公司风电项目、海上浮动风电系统。

（3）氢气。挪威在此方面的显著成绩主要是将风力和氢气结合在一起发电的项目。

（4）太阳能电池所使用的晶体硅。挪威在该方面投入了不少研究力量,并在该领域具有一定专长,挪威从事太阳能产品生产的公司主要有 ELkem、ScanWafer、ScanCell。

中挪关系由于 2010 年诺贝尔和平奖事件严重受损,经历了很长一段时间的困难时期。2016 年,中国国务院总理李克强、中国外交部部长王毅与挪威外交大臣布兰德举行会谈,双方发表了《中华人民共和国政府与挪威王国政府关于双边关系正常化的声明》。据挪威国家统计局发布的消息,中国是挪威在亚洲最大的贸易伙伴,是挪威第三大进口来源国(仅次于德国、瑞典),第九大大陆经济出口对象国(仅次于英国、德国、荷兰、法国、瑞典、比利时、美国、丹麦)。相信在未来,中挪关系将在相互尊重、平等相待、充分照顾彼此核心利益和重大关切的基础上,持续、健康、稳定发展。

# 11. 比利时

比利时是欧盟和北约创始会员国之一,也是联合国、世界贸易组织等国际组织的成员国。在《2020 年全球创新指数》排名中位列第 22,在《2020 年全球竞争力指数》排名中位列第 25。

比利时具有较强的科技实力,是欧洲第五大科技创新强国。2010 年研发经费支出 93.34 亿美元,占 GDP 的比重为 1.99％。其中企业投入占 66％,是研发活动的主要执行体。2010 年,比利时拥有全时工作当量研发人员 5.99 万人,约占劳动人口的 1.21％。2010 年,比利时发表 SCI 科技论文总数为 1.9 万篇,位居世界第 21。

比利时联邦政府设立科技部,负责协调科学研发政策。联邦政府负责管理联邦科研机构、比利时参与的国际空间研究计划、航天、核能以及需要联邦政府统一实施的国家级或国际科研活动并提供相应的财政支持。大区政府在其他科技领域拥有自主权,包括科技政策制定和经费支持、推动工业企业和科研机构的科技创新等。为保证联邦政府与大区政府间的组织协调畅通,相应建立了部际、区际层面的科技政策对话与合作机制。

比利时政府相当重视科技工作,注重科技研发活动,始终把研发和创新置于国家战略的高度。为振兴经济采取的"人才回归计划""创新基金""比利时研究区""科技园区""联合研发"等一系列重要科技计划和创新举措效果明显。

比利时在微电子研究领域处于世界领先水平,其代表机构就是比利时微电子研究中心(IMEC)。该中心拥有 1900 多名研发人员,年预算约 3 亿欧元,与全球 600 多家著名企业和 200 多所大专院校、研究机构形成了合作联盟,IMEC 微电子科技创新成果不断涌现,每年发表的学术论文超过 1000 篇,已经成为当今全球最先进的微电子和纳米电子研究中心之一。

在半导体制造工艺方面,IMEC 拥有一条 8 英寸研发线和一条 12 英寸研发线,洁净室总面积达到 1 万平方米,目前已有十多家世界顶级公司,如英特尔、三星、台积电等作为核心伙伴加入全部模块的合作研究。

比利时在历史上产生过 10 位诺贝尔奖得主,其中医学奖 4 位。比利时有 16 所大学和研究中心及 10 多个科技园从事生物技术研究,生物技术企业有 100 多家,代表公司有扬森、葛兰素、UCB 等。比利时在肝炎等传染病疫苗、艾滋病研究、癌症研究、疾病基因诊断、帕金森病等治疗技术方面具有国际先进水平。

比利时高度重视环境技术和资源再生技术的发展和不断创新。比利时是欧盟电子垃圾管理政策执行较好的国家。比利时优美科跨国集团是全球稀贵金属循环利用的佼佼者,拥有电子垃圾处理独特的创新技术。优美科霍伯肯处理厂应用自主开发的稀贵金属精炼技术,发展成为世界规模最大、效率最高的绿色环保电子垃圾回收精炼厂,提取率为 96%。

中国与比利时的科技合作已有 40 多年的历史,随着 2015 年两国签署的科技领域多项合作文件,双方科技合作进入快车道:从中央政府到地方政府,从基础研究到应用研究,从人员交流到合作研发,中比全方位、多层次的科技合作方兴未艾。中比合作的具体领域包括生物医药、微电子、环境和气候变化、核能与核废料处理、节能环保、极地科学等。

1979 年,中国与比利时-卢森堡经济联盟签署科学技术合作议定书,打开了中比科技合作的大门。40 多年来,双方签署了 70 多份与科技相关的合作协议,执行了超过 470 个政府间科技合作项目,涉及农业、能源、环保、医学、核安全、信息技术等多个领域。数百个科研单位和大学及企业参与了中比科技合作项目的实施,上千名科学家进行了交流与合作。

"中国-比利时科技园"项目于 2016 年 6 月正式启动。科技园致力于搭建中欧高技术行业双向绿色通道,为双方在技术转移、战略投资、行业合作及市场准入方面的活动提供平台和支持,旨在打造中国高科技企业集群式"走出去"的样板基地和欧洲本土创新企业进入中国市场的快速通道。

目前,中比科技园已进驻中欧创新企业 30 余家,其中在建的"智慧谷"工程将提供包括联合办公空间、孵化器、研发中心、总部基地等各类产品,满足从创业团队、中小企业到行业龙头企业、园区运营商等的差异化创新需求。

2015 年,比利时微电子研究中心与中芯国际、华为和美国高通合作,在上海开发 14nm 集成电路先进制造工艺技术。

此外,中比两国还积极开展联合实验室建设,瞄准一些基础性、前沿性、战略性问题,汇聚双边优质科技资源开展国际化合作。两国先后共同建设了全球变化与粮食安全、真菌毒素研究、视听信号处理以及地理信息等多个联合实验室。其中,中比地理信息联合实验室课题成果将惠及"一带一路"沿线国家。

## 12. 捷克共和国

捷克是一个发达的资本主义国家,也是欧盟和北约成员国,经济合作与发展组织成员国,于 2006 年被世界银行列入发达国家行列。在《2020 年全球创新指数》排名中位列全球第 24。

捷克政府研发和创新委员会(RVVI)于 2019 年批准了 2019—2030 年国家创新战略,致力于将捷克打造成欧洲最具创新力的国家之一。捷克政府、工业和贸易部、科学院、技术署、科学基金会、科学技术协会等科技管理部门共同致力于捷克的科技发展。近年来,捷克更加注重应用研究,在材料、信息和医药等传统优势领域取得了一些成果:利贝雷茨技术大学曾与Elmarco公司合作研制出纳米纤维纺丝机——"纳米蜘蛛";布拉格捷克技术大学的研究人员推出了一款可用眼睛控制计算机的廉价操作系统Memrec;布尔诺技术大学为国际空间站设计生产了一款专门的接收器,用于进行国际空间站的通信和控制,该校是8个控制中心之一。2018年,捷克的研发投入占GDP的比重约为1.79%,计划到2025年达到2.5%,2030年提高至3%。

捷克的优势产业包括:

(1)汽车产业。捷克共和国是全球最集中的汽车产业制造与设计中心之一。捷克一直保持着全球汽车产业人均产出的绝对优势地位。同时,位列全球乘用车厂商中产量最高的第15名。

(2)航空产业。捷克拥有悠久的航空制造传统,在航空航天领域是强大的存在。从基本生产到最终航空器组装和尖端研发方案,该国航空业发展迅速,实力不容小觑。

(3)工程产业。工程是捷克的经济支柱,其制造基地拥有1100多家公司。捷克将大约90%的工程产品出口至各个国家,尤其是欧盟国家,在亚洲和拉美市场同样具有影响力。

(4)医疗设备。近年来,捷克共和国的医疗设备出口大幅增长。该领域创新力度强,业内许多公司出资进行自主研发并与科研机构和大学合作。

(5)信息通信技术行业。捷克已成为该领域外商投资者最青睐、最炙手可热的国家,尤其是在开发中心和IT服务外包方面。捷克的软件公司闻名全球。

近年来,中国与捷克关系处于历史上最好时期,双方加强合作的成果丰硕。2016年,两国决定提升至战略伙伴关系,与此同时,制定了政治、经济、人文等全面合作的路线图,签署了多项专业合作协议。2019年,中国-捷克政府间科技合作委员会第43届例会在多个领域确定了10个项目和17个人才交流合作计划;2018年,中国和捷克联合研发项目约16个;2018年,中国-捷克科技合作委员会第43届例会交流项目涉及众多领域。

## 13. 新西兰

新西兰是联合国、世界贸易组织、国际货币基金组织、经济合作与发展组织成员国。在《2020年全球创新指数》排名中位居全球第26。

2012年,新西兰内阁同意整合科学与创新部、经济发展部、劳工部以及建设与住房部职能,成立商业、创新与就业部,新西兰政府期望该部能成为经济高速发展的"催化剂",支持人才、创新和企业发展,改善政府与企业关系。新西兰政府曾明确提出"两条腿"走路的国家战略,即,在继续提升和发展传统农牧业的同时,发展以高技术为代表的新经济。建立先进技术研究院(Advanced Technology Institute,ATI)是新西兰政府强化创新的重要举措。新西兰政府计划在4年内,拨款1.66亿新元用于ATI的组建及运作。ATI将重点支持本国极具潜力的产业,以促进这些领域的创新、加快研发成果商业化步伐。新西兰TruScreen公司使用生物技术开发了一项全新的宫颈癌检查技术,这项新技术将能够通过一个电子识别笔来实时完成宫颈癌检查。

新西兰在生物科技方面的优势主要体现在农业生物技术和生物医学两方面,例如大型动植物、生物安全、环境保护、神经科学、心血管疾病、结核与哮喘、糖尿病和癌症等研究领域。新西兰政府十分重视生物科技和产业的发展,在其颁布的《创新增长框架》计划中,将生物技术列为未来的三大经济增长支柱之一,将加大对生物科技和产业的投入作为新西兰向高技术经济转型的重要举措。据新西兰科技部统计局联合发布的报告,新西兰全社会研究开发投入为16亿新元。全社会开发投入的23%投向生物技术及相关领域。近年来,新西兰科技部发布了《生物技术战略》和《生物技术2025》等系列文件与报告,政府大力发展生物技术及产业,以此推动经济转型。概览新西兰生物技术及产业状况,可以说,新西兰在农业生物技术的若干领域处于世界领先地位,在生物医学研究的若干领域拥有世界水准的研究团队。

中国与新西兰自1972年建交后,双边关系发展顺利,中新经贸关系一直稳定、健康发展。在科学领域,两国在水资源、非传染性疾病和食品安全方面开展了项目。两国设立的 3 个新西兰-中国研究中心(林肯大学主办的新西兰-中国水资源研究中心、梅西大学主办的新西兰-中国食品保护网络、奥塔哥大学主办的新西兰-中国非传染性疾病合作中心)加强了新西兰与中国在科学研究领域的合作,使两国建立起长久的合作关系,持续推进现有的双边合作项目。

## 14. 西班牙

西班牙是一个发达的资本主义国家,也是欧盟和北约成员国。截至2019 年 12 月,西班牙是欧元区第五大经济体,国内生产总值(GDP)居欧洲国家第 6 名,世界第 13 名。在《2020 年全球创新指数》排名中位居全球第 30。

西班牙实行的中央集中协调的科技管理体制,除国防部的科研单位以外,均由科技部统一管理。科技部下设两个副部级机构:一是科技政策国务秘书处,二是社会国务秘书处。科技部科技政策国务秘书处下设两大研究管理部门:最高科研理事会和工业技术发展中心。过去,西班牙的科研机构集中在首都马德里和巴塞罗那两个城市以及几所大学。近几年来,政府与最高科研理事会共同努力,推动组建了一批新型的地方高水平的研究中心。最具代表性的公共高科技中心是西班牙国家生物中心,该中心研究领域涉及生态细胞学、分子生物学、医药卫生、农业食品、工业生产及环境等方面,是一所在欧洲乃至世界都颇具影响的研究中心。2020 年,西班牙公布了"科学与创新任务"计划,将提供 7000 万欧元资金用于扶持大型企业研发项目,解决社会发展所面临的问题。

西班牙在信息技术与防御系统方面拥有领先技术。INDRA 是一家专注于信息技术与防御系统技术的高端科研公司。其产品服务于全球 130 多个国家,产品功能主要涉及运输、国防、能源和电信服务系统,全球 3000 个空中交通管理设施均出自西班牙,产品供应亚洲、欧洲、南美洲等大国使用;此外,西班牙生物能源技术也具备优势。阿本格阿是西班牙的生物能源公司,是全球最大、最优质的生物乙醇生产供应商,市场范围遍布欧美各个国家,在乙醇的生产数量和技术革新方面,领跑世界生物乙醇生产领域;西班牙的

3D 打印技术也是世界领先。西班牙在 3D 打印技术的研发和应用方面均领先于其他国家。首都马德里市的城市公园里的 3D 打印桥,被视为开创了建筑业未来的 3D 打印技术先河。西班牙的航空航天科技在欧洲名列前茅,在航空航天生产领域,西班牙在世界排名第七。西班牙的能源科技非常发达,涉及燃料生产和能源获得等技术应用领域,专业生产热能和电能,太阳能光电发电能力更是世界第一,在能源生产量的排名曾经位居欧盟第六。

中国与西班牙在科技、文化等领域合作成果丰硕。两国建有中西科技联委会。我国目前在西班牙共设有 8 所孔子学院、8 个孔子课堂和 2 个下设课堂。截至 2017 年年底,我国在西班牙的留学生突破 1.3 万人,西班牙在华留学生超过 4000 人。截至 2019 年 1 月,两国建立了 26 对友好省市关系。2019 年,中国和西班牙在新材料领域的政府间科技合作项目有 6 个;2021 年,在生产技术、生物医药与健康技术、清洁技术、现代农业、先进材料等领域开展了 15 个合作项目。

## 15. 葡萄牙

葡萄牙是一个发达的资本主义国家,是欧盟成员国之一,欧元和北约创始成员国之一,还是世界贸易组织、联合国等国际组织的成员。在《2020 年全球创新指数》排名中位居全球第 31。

葡萄牙新政府上台后对机构进行了调整,将原来的科学、创新与高等教育部改组为科技与高教部,将创新管理纳入经济部,即成立了经济与创新部。2020 年 4 月 21 日,葡萄牙政府发布决议,计划出台设立和监管"科技自由区"的总则条文,全面推动新兴技术创新与试验。该自由区计划将面向金融科技、5G 网络、大数据、物联网、区块链、生物和纳米技术、人工智能等多个方面,通过全面地监管沙盒框架推动葡萄牙的可持续经济转型。一批创新机构(如葡萄牙研发中心)发挥了其在智能电网、新能源等领域的技术优势,构建了国际化技术发展平台,取得了一批重要的科技创新成果。

软木加工是葡萄牙传统特色和国民经济支柱产业之一。葡萄牙年产软木 16 万吨左右,占全球总产量的一半。全国约有 600 家软木生产加工厂,超过 80% 为出口型企业;模具制造技术领先,葡萄牙是欧洲的第四大模具出口国,全球排名第八,主要生产各类汽车注塑模具、包装模具、旅行箱包模具、家电模具、电子和通信模具等,客户包括奔驰、宝马、大众、福特、新秀丽等。葡萄牙模具制造企业80％聚集于中部和北部,90％的产品出口。另外,其可再生能源技术发展迅速。近年来,为减少石油天然气进口,葡萄牙大力发展可再生能源。葡萄牙水力资源丰富,风能、太阳能装机和发电能力增长迅速,并网率高。在可再生能源中,水电的装机容量和发电量占葡萄牙可再生能源的一半以上。

中葡两国有着400多年的科技交往史。1992年,两国签定了《中华人民共和国政府与葡萄牙共和国政府科学技术合作协定》,启动了由政府牵头的科技合作。双方曾分别出席中葡第二届科技混委会,签署了《中葡科技合作谅解备忘录》,并共同确定了首批27个项目。此后,两年一次的科技混委会如期举行。

# APPENDIX C

# 部分名词中英文对照表

| 中　文 | 英　文 |
|---|---|
| 技术贸易 | Technology Trade |
| 技术转让协议/合同 | Technology Assignment |
| 建设-经营-转让/有时被称为"公共工程特许权" | Build-Operate-Transfer（BOT） |
| 独占许可 | Exclusive License |
| 排他许可 | Sole License |
| 普通许可 | Simple License |
| 可转让许可 | Transferable License |
| 交叉许可 | Cross-Licensing |
| 专有技术 | Know-How |
| 中小微型企业 | Small，Medium and Micro Enterprises（SMME） |
| 技术转移 | Technology Transfer |
| 高校技术转移 | Academy Technology Transfer |
| 死亡之谷 | Death Valley |
| 垂直技术转移 | Vertical Technology Transfer |
| 水平技术转移 | Horizontal Technology Transfer |
| 技术成熟度 | Technology Readiness Levels（TRL） |
| 利润分成原则 | LSLP（Licensor's Share on Licensor's Profit） |
| 研发 | Research & Development（R&D） |
| 所得税 | Income Tax |
| 营业税 | Business Tax |
| 关税 | Tariff |

续表

| 中　文 | 英　文 |
|---|---|
| 进口增值税 | Value-added Tax（VAT）on Imports |
| 流转税 | Commodity Turnover Tax |
| 印花税 | Stamp Duty |
| 自然抵免/全额抵免 | Full Credit |
| 限额抵免 | Ordinary Credit |
| 普通许可合同 | Simple License Contract |
| 独占许可合同 | Exclusive License Contract |
| 独家许可合同 | Sole License Contract |
| 分售许可合同 | Sub-license Contract |
| 交叉许可合同 | Cross Licence Contract |
| 强制许可 | Compulsory License |
| 专利实施许可合同 | Patent Licensing Agreement |
| 许可方(让与人) | Licensor |
| 许可方(受让人) | Licensee |
| 《与贸易有关的知识产权协议》 | Agreement on Trade-related Aspects of Intellectual Property Rights（TRIPs） |
| 《保护知识产权巴黎公约》（《巴黎公约》） | Paris Convention for the Protection of Industrial Property |
| 《专利合作条约》 | Patent Cooperation Treaty（PCT） |
| 《专利法条约》 | Patent Law Treaty（PLT） |
| 《国际专利分类斯特拉斯堡协定》（《斯特拉斯堡协定》） | International Patent Classification Agreement，IPCA（Strasbourg Agreement，SA） |
| 《商标国际注册马德里协定》 | Madrid Agreement Concerning the International Registration of Marks |
| 《商标注册用商品与服务国际分类尼斯协定》 | Nice Agreement Concerning the International Classification of Goods and Services for the Purpose of the Registration of Marks |
| 《建立商标图形要素国际分类维也纳协定》（《维也纳协定》） | Vienna Agreement Establishing an International Classification of the Figurative Elements of Marks |
| 《工业品外观设计国际保存海牙协定》（《海牙协定》） | The Hague Agreement concerning the International Deposit of Industrial Designs |
| 《保护文学与艺术作品伯尔尼公约》（《伯尔尼公约》） | Berne Convention on the Protection of Literary and Artistic Works |
| 关税及贸易总协定 | General Agreement on Tariffs and Trade（GATT） |
| 《拜杜法案》 | Bayh-Dole Act（B-DA） |

续表

| 中　文 | 英　文 |
| --- | --- |
| 全管制 | Catch All |
| "十三五" | 13rd Five-Year Plan |
| 北美大学技术经理人协会 | Association of University Technology Managers (AUTM) |
| 美国航空航天局 | National Aeronautics and Space Administration (NASA) |
| 美国国防部 | United States Department of Defense (DOD) |
| 联合国 | United Nations (UN) |
| 联合国教科文组织 | United Nations Educational, Scientific and Cultural Organization (UNESCO) |
| 世界银行 | World Bank |
| 世界知识产权组织 | World Intellectual Property Organization (WIPO) |
| 世界贸易组织 | World Trade Organization (WTO) |
| 国际货币基金组织 | International Monetary Fund (IMF) |
| 中国国际工业转包展览会 | China Industrial Subcontracting & Outsourcing Fair (Subcon China) |
| 世界汽车工程师学会联合会 | Fédé-ration Internationale desd'Ing é nieurs des Techniques de L'Automobile (FISITA) |
| 清洁能源部长级合作机制下的电动汽车倡议 | Electric Vehicle Initiative (EVI) under the Clean Energy Ministerial (CEM-EVI) |
| 创新使命部长级会议 | Mission Innovation (MI) |
| 全球环境基金 | Global Environment Fund (GEF) |
| 联合国工业发展组织 | United Nations Industrial Development Organization (UNIDO) |
| "技贸通"国际技术交易促进协作网络 | "OnTech" Open Innovation Network for Technology and Entrepreneurship Communication Hub |
| 国际技术交易联盟平台 | International Technology Exchange Coalition (ITEC) |
| 优选科创 | STAR of Sci-Tech Innovation |